Christa Spilling-Nöker

HIMMLISCHE KÜCHE

Kochbuch für die christlichen Feste

Christa Spilling-Nöker

HIMMLISCHE KÜCHE

Kochbuch für die christlichen Feste

Mit 12 Rezepten von Starköchin
Lea Linster

HERDER

FREIBURG · BASEL · WIEN

Inhalt

Feste feiern, feste feiern

»Sei gut zu deinem Leib, damit die Seele Lust habe, darin zu wohnen.«

TERESA VON ÁVILA

Dieser Satz der spanischen Mystikerin gilt natürlich für das ganze Jahr und bezieht sich nicht nur auf Essen und Trinken. Doch gerade für die religiösen Feiertage haben sich neben anderen Ritualen auch kulinarische Besonderheiten entwickelt, die sie aus dem Alltag, aus der Welt der Arbeit hervorheben und auch auf diese Weise zu einem besonderen Ereignis, zu einem Fest machen.

Im christlichen Fest wird das Geschenk des Lebens, seine Bejahung, Wandlung und Erneuerung gefeiert: man hält inne, um sich auf empathische Weise seines Lebenssinns und der eigentlichen Werte zu vergewissern. Die tiefe Besinnung auf das Wesentliche, auf das, was dem Leben Sinn und Halt gibt, führt zur Berührung des Innersten, des Selbst, also zur Selbst-Besinnung und damit zugleich zur Begegnung mit dem Numinosen, dem Göttlichen. Diese Erfahrung wurde – früher mehr als heute – zumeist in Gottesdiensten gemacht und setzte sich in gemeinschaftlichen Feiern fort, von denen das gemeinsame Festessen ein wesentlicher Bestandteil war.

Die »Himmlische Küche« erinnert an die alten christlichen Traditionen mit ihrem kulinarischem Brauchtum. Das Buch zeigt in vielerlei Bildern und Textbeispielen aus der Literatur auf, wie tief gerade die Festtagsriten in den Menschen verankert waren, und möchte von daher dazu einladen, die überlieferten Sitten der Vorfahren neu zu entdecken.

Die Rezepte der Starköchin Lea Linster gewähren Einblick, wie exquisit traditionelle Speisen heute in der Spitzengastronomie zubereitet werden. Ich freue mich sehr, dass sie ihre Rezepte zu diesem Buch beigesteuert hat!

Liebe Leserinnen, liebe Leser!
Mögen Sie Lust darauf bekommen, den himmlischen Duft der alten und neuen Speisen, vom Lebkuchen bis hin zur Martinsgans, in Ihrer Küche genießerisch einzuatmen, um sich anschließend die lukullischen Köstlichkeiten auf der Zunge zergehen zu lassen.

Ihre Christa Spilling-Nöker

Das Kirchenjahr

Das Kirchenjahr strukturiert die christlichen Festzeiten. Die Entwicklung dazu hat einige Zeit gebraucht. Die frühe Christenheit hatte sich zunächst am jüdischen Festjahr orientiert und die wesentlichen Begebenheiten aus dem Leben Jesu und der urchristliche Gemeinde in die vorgegebene Chronologie eingegliedert.

Der Beginn des »Kirchenjahres« – der Begriff findet sich erstmals 1589 bei Johannes Pomarios – schwankte in gelegentlichen Versuchen, sich den unterschiedlichen Festsetzungen des bürgerlichen Neujahrstermins anzugleichen. So wechselte der Termin im Mittelalter zwischen dem 1. und 6. Januar, Ostern und Weihnachten. Im Jahr 1691 wurde der 1. Januar als Neujahrsbeginn von Papst Innozenz XII. festgelegt. Da man Weihnachten ursprünglich vier Tage lang feierte, näherte sich das Ende der Weihnachtszeit dem offiziellen Beginn des neuen Jahres, so dass Weihnachten kirchlicherseits als Beginn des Kirchenjahres verstanden werden konnte. Weil nun aber die vierwöchige Adventszeit als Vorbereitungszeit auf Weihnachten zum Weihnachtsfestkreis dazugerechnet wurde, ergab sich für die katholische und evangelische Kirche der erste Adventssonntag als Beginn des Kirchenjahres. In den orthodoxen Kirchen sowie in der koptischen Kirche beginnt das Kirchenjahr hingegen mit dem 1. September, in der armenischen mit Epiphanias.

So steht am Anfang des Jahres für die katholische und evangelische Kirche der weihnachtliche Festkreis mit dem Zentrum der Geburt Jesu Christi vom ersten Advent bis Epiphanias / Epiphanie (Heilige Drei Könige). Darauf folgt der österliche Festkreis von Aschermittwoch über die Passionszeit hin zur Osterfeier und den ihr folgenden sieben Wochen, in denen die frohe Botschaft von der Auferstehung Jesu Christi im Mittelpunkt steht. Er schließt ab mit dem Pfingstfest, an dem die Aussendung des Heiligen Geistes gefeiert wird und das als Gründungsdatum der christlichen Kirche gilt. Die folgenden Wochen des Jahres beinhalten vor allem das herbstliche Erntedankfest und die Totengedenktage Allerseelen (katholisch) und Ewigkeitssonntag (evangelisch).

»Das Kirchenjahr möchte uns immer mehr einführen in das Geheimnis der Menschwerdung. An den verschiedenen Festen werden Aspekte unserer Seele zum Ausdruck gebracht. Das bringt uns in Berührung mit dem Reichtum unserer Seele. Und es hält alle Seiten unserer Seele in das Licht der Erlösung durch Jesus Christus.«

ANSELM GRÜN

Der Sonntag

Der Sonntag ist nach christlichem Verständnis der erste Tag der Woche und soll an den Tag erinnern, an dem Jesus Christus nach der Verkündigung des Neuen Testaments von den Toten auferstanden ist, am dritten Tage nach seiner Kreuzigung. Der Sonntag ist also die wöchentliche Feier jenes Ostersonntags.

Er ist der »Tag des Herrn«, *dies Domini*, eine Würdigung, die sich in den romanischen Sprachen noch in den Bezeichnungen des Sonntags als *Dimanche* (französisch), *Domingo* (italienisch), *Domenico* (spanisch) fortsetzt. In seinem Zentrum steht bei Katholiken und Orthodoxen die Eucharistie, die liturgische Feier des Abendmahls Jesu (»Heilige Messe« oder »Göttliche Liturgie«), bei den evangelischen Christen der Gottesdienst mit Predigt. Einige Quellen belegen, dass die urchristliche Gemeinde zunächst am Abend des Sabbat zusammenkam und sich diese Versammlungen erst im Laufe des 2. Jahrhunderts auf den Sonntagmorgen verschoben haben. So wird der Sonntag zum christlichen Nachfolgetag des jüdischen Wochen-Ruhetages, des Sabbat. Der biblische Sabbat war der siebte, also der letzte Tag der Woche, an dem Gott nach Vollendung seiner Schöpfung ruhte und diesen Tag segnete (Genesis 2,2.3). Im Dekret vom 3. März 321 n. Chr. wurde der Sonntag von Kaiser Konstantin zum allgemeinen Ruhetag erklärt, von dem Feldarbeiten ausdrücklich ausgenommen waren. Erst im 6. Jahrhundert wurde die Ruhepflicht am Sabbat durch die Synode von Orléans (538) und die Synode von Mâcon (585) endgültig auf den Sonntag übertragen, deren Gültigkeit sich noch heute im Grundgesetz der Bundesrepublik Deutschland widerspiegelt. Ist der Sabbat der siebte Tag der Woche und der letzte Tag der Schöpfung, so ist der religiösen Deutung nach der Sonntag nicht nur der erste Tag der Wochenzählung, sondern als wöchentliche Osterfeier auch der »achte Tag«, das heißt der Tag der neuen Schöpfung, die mit der Auferstehung Christi schon begonnen hat und deren Vollendung die christliche Gemeinde erwartet.

Gedenktag der Auferstehung, wöchentlicher Ruhetag und Vorausfeier der neuen Schöpfung: Mit dieser Sinndeutung versehen, hat sich auch im kulinarischen Bereich eine Kultur entwickelt, an diesem wöchentlich wiederkehrenden Feiertag ein besonders gutes Essen auf den Tisch zu stellen. Traditionellerweise spielt dabei ein Fleischgericht, wenn möglich als guter Sonntagsbraten, eine wesentliche Rolle.

Lea Linsters
Sonntagsbraten

Roastbeef-Braten

ZUTATEN:

ZUBEREITUNG:

FÜR 10 PERSONEN

- 2 ½ kg Roastbeef
- 3 Zwiebeln
- 3 Knoblauchzehen
- 200 g Knollensellerie
- Salz
- Pfeffer
- 50 g geklärte Butter
  (Butterschmalz)
- 1 Bund Thymian
- 2 Lorbeerblätter
- 60 g Butterflöckchen
  für Fleisch und Soße
- ½ l kräftiger Rotwein
  (am liebsten Burgunder)

● | Das Fleisch muss wirklich gut abgehangen und von erstklassiger Qualität sein. Ich befreie es sehr sorgfältig von allem, was einen nachher beim Essen stört: überschüssiges Fett und harte Sehnen. Die Abschnitte werfe ich aber nicht weg, sondern lege sie beiseite. ● | Die Zwiebeln ziehe ich ab, den Knoblauch schäle und entkeime ich. Beides würfele ich grob. Der Sellerie wird geschält und in Stücke geschnitten. ● | Das Fleisch binde ich mit Küchenband schön in Form. Mit Salz und Pfeffer aus der Mühle würze ich zuerst die Seite, die ins Fett kommt, die andere Seite, wenn das Roastbeef in der Pfanne liegt. So, nun das Fleisch sorgfältig in der heißen geklärten Butter anbraten, damit es rundum schön braun wird! Inzwischen heize ich den Ofen vor: auf 220 Grad (Umluft 200 Grad, Gas Stufe 5). ● | Das Fleisch nehme ich aus der Pfanne und brate jetzt die Abschnitte und das vorbereitete Gemüse an, gebe Thymian und Lorbeer dazu. Das Fleisch lege ich auf ein rundes Kuchengitter und setze das Gitter auf die Pfanne, noch ein paar Butterflöckchen obendrauf – so kommt's dann für etwa 40 bis 50 Minuten zum Braten in den Backofen. ● | Vor dem Anschneiden lasse ich das Fleisch mindestens 15 Minuten ruhen, damit sich der Saft sammeln kann. Das Gemüse lösche ich mit dem Rotwein ab, am liebsten nehme ich einen kräftigen Burgunder. Ich lasse alles einmal aufkochen und gieße es durch ein feines Sieb. Das ist die Grundlage für eine kleine Soße, die ich noch etwas einkoche und dann schnell mit eisgekühlten Butterstückchen montiere. Nur noch mit Salz und Pfeffer aus der Mühle abschmecken und genießen!

Kritik des Herzens

Es wird mit Recht ein guter Braten
Gerechnet zu den guten Taten.
Und daß man ihn gehörig mache,
Ist weibliche Charaktersache.
Ein braves Mädchen braucht dazu
Mal, erstens, reine Seelenruh.
Daß bei Verwendung der Gewürze
Sie sich nicht hastig überstürze.
Dann, zweitens braucht sie Sinnigkeit,
Ja, sozusagen Innigkeit,
Damit sie alles appetitlich
Bald so, bald so und recht gemütlich
Begießen, drehn und wenden könne,
Daß an der Sache nichts verbrenne.
In summa braucht sie Herzensgüte,
Ein sanftes Sorgen im Gemüte,
Fast etwas Liebes insofern.
Für all die hübschen, edlen Herrn,
Die diesen Braten essen sollen
und immer gern was Gutes wollen.
Ich weiß, daß hier ein jeder spricht:
»Ein böses Mädchen kann das nicht.«
Drum hab ich mir auch stets gedacht
Zu Haus und andernwärts:
Wer einen guten Braten macht,
Hat auch ein gutes Herz.

WILHELM BUSCH

Sonntagsmenü der Buddenbrooks

Wie üppig ein Sonntagsessen in ehemals gehobenen Kreisen ausfallen konnte, beschreibt Thomas Mann in seinem Roman »Buddenbrooks« in der Szene, als Bendix Grünlich bei der Familie Buddenbrook »zum nächsten Sonntag auf einen Kalbsbraten gebeten sei ... Und er kam. [...] Er aß Muschelragout, Juliennesuppe, gebackene Seezungen, Kalbsbraten mit Rahmkartoffeln und Blumenkohl, Marasquino-Pudding und Pumpernickel mit Roquefort und fand bei jedem Gerichte einen neuen Lobspruch, den er mit Delikatesse vorzubringen verstand.«

THOMAS MANN, BUDDENBROOKS

Muschelragout

ZUTATEN:

· 300–400 g Muschel-
  fleisch, frisch gekocht
  oder im Glas, mit Wasser
· 40 g Butter
· 3–4 Schalotten
· 100 g rosa Champignons
· 1 Strauß Petersilie
· 1 EL Mehl
· Fleischbrühe
· Pfeffer
· Salz
· evtl. 1 Glas Weißwein

ZUBEREITUNG:

● | Frisch gekochte Muscheln aus den Schalen lösen, abtropfen und das Kochwasser aufheben. Muscheln aus dem Glas ebenfalls abtropfen und Flüssigkeit sammeln. ● | In der heißen Butter die fein gewiegten Schalotten, die grob gehackte Petersilie und klein gewürfelten Pilze anbraten, mit dem Mehl bestäuben und unter ständigem Rühren etwas anschwitzen, mit je einer Tasse Muschelkochwasser und Fleischbrühe ablöschen, leise 10 Minuten kochen lasen, dann eventuell mit einem Gläschen Wein verlängern, das Muschelfleisch dazugeben und nur heiß werden lassen. ● | Muschelragouts serviert man gerne in großen Jacobsmuschelschalen oder in Tellern, die wie Muscheln geformt sind.

Julienne-Suppe

ZUTATEN:

- 3–4 Mohrrüben
- 1 Kohlrabi
- 1 kleine Sellerieknolle
- 2 weiße Rüben
- 2 Stangen Lauch
  oder Porree
- die Herzen von zwei
  Kopfsalaten
- 1 kleiner halber Wirsing-
  kohl
- 100 g Butter
- 2–3 l kräftige Fleischbrühe
- geröstete Semmelwürfel
  oder 1 Tasse gekochter
  Reis
- evtl. grüne Erbsen und
  Spargelspitzen

ZUBEREITUNG:

● | Die Gemüse waschen, putzen und zur Julienne schneiden, das heißt: in nudlig feine Streifen. In einem großen Suppentopf die Butter schmelzen lassen, das Gemüse unter ständigem Umrühren darin andünsten, ohne daß etwas dunkel wird. So viel Fleischbrühe dazugießen, wie man mag, einmal aufkochen lassen, und die Suppe zugedeckt etwa 30 Minuten leise kochen lassen. Abschmecken, eventuell noch durch junge grüne Erbsen und Spargelspitzen ergänzen. ● | In die vorgewärmte Suppenschüssel den gekochten Reis oder die gerösteten Weißbrotwürfel füllen und die Suppe daraufgießen. Sofort auftragen.

Gebackene Seezunge

ZUTATEN:

- Bratfertige Seezungen
- Zitrone
- Salz und Pfeffer
- Mehl oder feine Semmel-
  brösel
- Fett zum Braten

ZUBEREITUNG:

Zu Buddenbrooks Zeiten hat man die ganzen großen Seezungen in ebenfalls großen Pfannen auf dem Herd gebraten und bei Tisch tranchiert. Heute kauft man die Seezunge portionsweise, salzt und säuert sie, wälzt sie in Semmelbröseln oder Mehl, das mit Pfeffer gewürzt wird, klopft das überschüssige Mehl ab und brät den Fisch in heißem Fett von beiden Seiten gar. Er ist gar, wenn sich das Fischfleisch leicht von der Mittelgräte löst. Man serviert ihn mit Zitronenschnitzen und kroß ausgebackener Petersilie.

Kalbsbraten

ZUTATEN:

- 1 Kalbsnuß von ungefähr 2000 g
- Spickspeck
- Pfeffer
- Paprikapulver edelsüß
- Öl
- Thymian oder Majoran
- etwas Fleischbrühe
- 1 Becher Sahne
- Butterkugel

ZUBEREITUNG:

● | Die Kalbsnuß ergibt einen besonders zarten Braten und läßt sich gut tranchieren. Vom Schlachter spicken lassen oder selbst mit dreieckig zugeschnittenen Speckstiften spicken, die in Pfeffer oder Paprika gewälzt worden sind. Das geht besser, wenn der Speck vorher im Tiefkühlgerät gelegen hat. ● | Den Ofen auf 220 Grad C vorheizen, die Kalbsnuß mit Öl einreiben und mit fein zerriebenen getrockneten Kräutern bepudern. 4 EL Öl in den Bräter gießen, die Kalbsnuß hineinlegen und in den Ofen schieben. Die Hitze nach 10 Minuten auf 180 Grad C herunterschalten und die Kalbsnuß insgesamt 2 Stunden braten, wobei sie ständig mit Fett begossen wird. Bräunt die Kalbsnuß zu stark, so wird sie mit Aluminiumfolie zugedeckt. Man kann das Fleisch nach der ersten halben Stunde einmal umdrehen und nach der zweiten halben Stunde wieder in die ursprüngliche Lage zurückdrehen. Die fertige Nuß im abgeschalteten Ofen, in Alufolie gewickelt, auf den Rost legen. Den Bratfond mit heißer Fleischbrühe abkochen, durch ein Sieb in eine Kasserolle gießen, mit Sahne auffüllen und mit einer Butterkugel binden. ● | Abschmecken und in eine vorgewärmte Sauciere gießen. ● | Auch das Fleisch kommt auf eine vorgewärmte Platte. ● | Butterkugel: Man verknetet gleich viel Butter und Mehl, etwa je 50 g, zu einer Kugel. Diese gibt man in die heiße Flüssigkeit und rührt, während sich die Kugel auflöst. So vermeidet man Mehlklümpchen.

Sahnekartoffeln, üppige Art

ZUTATEN:

· 2 Zwiebeln
· 2–3 Scheiben Schinken
· 1 EL Mehl
· 60 g Butter
· ½ l Sahne oder Milch
· Salz
· Pfeffer
· Muskatnuß
· 200 g rosa Champignons
· Pellkartoffeln

ZUBEREITUNG:

Die Zwiebeln pellen und würfeln, die Schinkenscheiben ebenfalls würfeln. Beides in heißer Butter andünsten, das Mehl hinzugeben, gut verrühren und mit Sahne oder Milch auffüllen. Mit wenig Salz, frisch gemahlenem Pfeffer und Muskatnuß würzen, 10 Minuten leise kochen lassen. In dieser Zeit die Champignons putzen und in Scheiben schneiden, rasch in Butter anbraten und mit den Pellkartoffelscheiben zur Sahnesauce geben und durchschwenken. Alles zusammen noch einmal ordentlich durchkochen.

Marasquino-Pudding

ZUTATEN:

· ½ l Sahne
· 100 g Zucker
· 1 Beutel Vanillezucker
· 2 EL Speisestärke
· 5 Eier
· 6 EL Marasquino

ZUBEREITUNG:

Sahne mit Zucker und Vanillezucker aufkochen, die mit etwas Milch verrührte Speisestärke hineingießen, unter ständigem Rühren aufkochen lassen. 4 Eier in Eigelb und Eiweiß trennen. Die 4 Eigelb zusammen mit dem 5. Ei in einer Schüssel verquirlen, 2 bis 3 EL kochende Sahnecreme dazulöffeln und gut verquirlen. Diese Mischung zurück in den Topf löffeln und kräftig verrühren. Als letztes den sehr festen Schnee der 4 Eiweiß und den Marasquino unter die kochendheiße Creme rühren und heben, den Topf vom Herd nehmen, in ein kaltes Wasserbad stellen, das Wasser nach Bedarf zwei- oder dreimal erneuern und die Creme mit dem Schneebesen schlagen, bis sie erkaltet ist. Diese Marasquino-Creme sollte möglichst schnell serviert werden.

ALLE GERICHTE AUS: SYBIL GRÄFIN SCHÖNFELDT, FEINE LEUTE KOMMEN SPÄT

Die Adventszeit

Der Begriff Advent leitet sich von dem lateinischen Wort *adventus* ab, das Ankunft bedeutet. Erwartet wird die Ankunft Gottes in Jesus Christus. Ähnliche Bedeutung hat der griechische Terminus *epiphania*, der auf die Erscheinung Gottes in Jesus Christus hinweist.

Die Adventszeit hat sich in der Alten Kirche aus zwei Traditionen entwickelt: aus einer gallischen und einer römischen. Der seit dem 4. Jahrhundert bezeugten gallischen Tradition nach war sie Buß- und Fastenzeit; diese wurde vom 6. Januar, dem Epiphaniasfest, an dem auch die Taufe Jesu gefeiert wurde, bis zum 12. November, dem Tag nach St. Martin zurückgerechnet, so dass sie 56 Tage währte. Da man sich in Gallien an der Tradition der Ostkirche orientierte, in der in diesen acht Wochen die Samstage und Sonntage vom Fasten ausgenommen waren, ergab sich eine reine Fastenzeit von vierzig Tagen. Der theologische Schwerpunkt des Advent lag hier auf der Erwartung des Kommens des Reiches Gottes, der Wiederkunft des Erlösers und den Schrecken des Endgerichts. Aus dem 6./7. Jahrhundert ist für Rom eine eigene Adventsliturgie bezeugt, in der hingegen der freudige Gedanke von der Menschwerdung Gottes in Jesus Christus, die Verehrung der Gottesmutter Maria sowie die hoffnungsvolle Erwartung auf die Wiederkunft des Erlösers am Ende der Zeiten im Mittelpunkt standen. Nachdem die Zahl der Adventssonntage zunächst schwankte, setzte sich im 12./13. Jahrhundert eine vierwöchige Adventszeit durch, die 1570 verbindlich wurde und uns auch gegenwärtig vertraut ist. Die mailändische Ambrosianische Liturgie kennt allerdings bis heute eine sechswöchige Adventszeit.

Weder in Rom noch im Bereich der deutschen Kirche, in der sich die Adventszeit erst langsam verbreitete, hatte die Adventsliturgie reinen Bußcharakter.

Im Laufe der Jahrhunderte sind die gallische und die römische Tradition zusammengewachsen. So gedenkt man an den Tagen bis zum 16. Dezember der Wiederkunft Christi, während an den letzten sieben Tagen bis zum Heiligen Abend die Menschwerdung Gottes in Jesus Christus thematisiert wird. Von daher hat die Adventszeit heutzutage gleichermaßen den Charakter von Buße und Vorfreude, von Besinnung und gespannter Erwartung.

»Der Advent ist die Zeit der Sehnsucht. In der Stille vor Weihnachten sollen wir mit unserer Sehnsucht in Berührung kommen. Diese Sehnsucht wird geweckt durch die Texte der Liturgie, aber auch durch die Symbole der Adventszeit wie Adventskranz und Kerzenschein.«

ANSELM GRÜN

Auch in der traditionsreichen, symbolträchtigen vorweihnachtlichen Bäckerei kommen sowohl Vorfreude als auch Besinnung zum Ausdruck, wenn sich einem der Sinn der Advents- und Weihnachtszeit über die lustvollen Sinne von Riechen und Schmecken neu erschließt. Die wohlig duftende Weihnachtsbäckerei beschreibt die Jugendbuchautorin Isabella Braun (1815–1886) in ihrem Gedicht »Weihnachtsgebäck«.

Weihnachtsgebäck

Weinbeer, Mandeln, Sultaninen,
süße Feigen und Rosinen,
welsche Nüsse – fein geschnitten,
Zitronat auch – muß ich bitten! –
Birnenschnitze doch zumeist
und dazu den Kirschengeist;
wohl geknetet mit der Hand
alles tüchtig durcheinand
und darüber Teig gewoben –
wirklich, das muß ich mir loben!
Solch ein Brot kann's nur im Leben
jedesmal zur Weihnacht geben!
Eier, Zucker und viel Butter

schaumig rührt die liebe Mutter;
kommt am Schluß das Mehl daran,
fangen wir zu helfen an.
In den Teig so glatt und fein
stechen unsre Formen ein:
Herzen, Vögel, Kleeblatt, Kreise –
braune Plätzchen, gelbe, weiße
sieht man bald – welch ein Vergnügen –
auf dem Blech des Ofens liegen.
Knusprig kommen sie heraus,
duften durch das ganze Haus.
Solchen Duft kann's nur im Leben
jedesmal zur Weihnacht geben.

ISABELLA BRAUN

Der Honigkuchen

Das älteste Weihnachtsgebäck ist vermutlich der *Honigkuchen*, da der Honig, ein Nebenprodukt der umfangreichen Wachsproduktion, bis ins Mittelalter das einzige Süßungsmittel war; kleine Honigfladen sind schon um 350 n. Chr. bezeugt. Im Hochmittelalter begann der Gewürzhandel mit dem Morgenland; der Pfeffer galt aufgrund seines hohen Preises als besonders wertvoll.

Als Pfeffer bezeichnete man aber auch die anderen aus Indien und von den Gewürzinseln importierten Gewürze, daher wurde das auf mannigfache Art gewürzte Honigbackwerk in vielen Regionen Deutschlands auch *Pfefferkuchen* genannt; als solcher wurde es bereits 1296 in Ulm erwähnt. In Westdeutschland und Süddeutschland hat sich für das gleiche Gebäck häufig die Bezeichnung *Lebkuchen* durchgesetzt, in Norddeutschland spricht man oft auch von *Braunen Kuchen*.

Woher der Begriff »leb« kommt, ist unklar: möglich, dass er vom *Laib,* der Bezeichnung für dunkles ungesäuertes Brot, entlehnt wurde, vom altdeutschen Wort *lebbe* (sehr süß) stammt und damit einen »süßen Kuchen« meint oder seine Wurzeln in dem lateinischen Wort *libum* hat, das Opferkuchen bedeutet; in den Klosterküchen wurde darunter generell der Fladen verstanden. Im antiken Griechenland und in Rom waren solche Opferkuchen den Göttern als Geschenk dargebracht worden. Die Germanen stimmten in den langen dunklen Nächten des Winters die Götter und Dämonen mit Honiggebäck milde und hofften auf die wieder länger scheinende Sonne, auf das Licht. Dieses heidnische Brauchtum wurde – wie so vieles andere auch – von den mittelalterlichen Klöstern übernommen und christlich umgedeutet. Die mit Gewürzen und Heilkräutern abgeschmeckten Lebkuchen wurden als »Heilbrot« verstanden, das auf den Heiland Jesus Christus, das »Licht der Welt« (vgl. Johannes 8,12) hinweist; es wurde von Mönchen und Nonnen bereits zu Beginn des 9. Jahrhunderts in klösterlichen Apotheken als Medizin verkauft.

Im 13./14. Jahrhundert begann die gewerbsmäßige Herstellung der Lebkuchen; seit 1643 gab es in Nürnberg die Zunft der *Lebzelter*.

Im 15. Jahrhundert wurden darüber hinaus auch Früchte, denen man eine besondere Heilkraft zuschrieb, mit flüssigem Zucker gesüßt, sie bildeten das erste *Konfekt;* von daher wurden die Apotheker auch *confectionarii* genannt – sie waren damit die ersten Zuckerbäcker.

Während es heute fertiges Lebkuchengewürz gibt, in dem meistens elf Gewürze miteinander vermischt sind, kamen ursprünglich nur sieben oder neun Gewürze (Piment, Zimt, Ingwer, Anis, Koriander, Kardamom, Muskat, Gewürznelke, Fenchel) an das Honiggebäck: Die Sieben sollte an die Vollendung der Schöpfung in sieben Tagen erinnern; die Neun galt als die Multiplikation der göttlichen Zahl Drei mit sich selbst als Zahl der höchsten Vollendung.

Ursprünglich gab es Lebkuchen das ganze Jahr über, sie dienten auch als Fastenspeise. Heutzutage beschränkt sich das Backen und der Verzehr von Lebkuchen auf die Advents- und Weihnachtszeit. Der Duft und Geschmack des köstlichen Gebäcks tragen zu der besonderen Atmosphäre bei, die die Wochen vor Weihnachten ausmachen.

»Selbst ein scheinbar so äußerlicher Brauch wie das Weihnachtsgebäck hat seine Wurzeln in der Adventsliturgie der Kirche, die in diesen Tagen des sinkenden Jahres das herrliche Wort des Alten Testaments aufnimmt: ›An jenem Tag werden die Worte Süßigkeit träufeln, und die Flüsse werden Milch und Honig führen.‹ In solchen Worten hatten die Menschen damals den Inbegriff ihrer Hoffnungen auf eine erlöste Welt ausgedrückt. Und wiederum war es so, dass unsere Ahnen Weihnachten als den Tag begingen, an dem Gott wirklich gekommen ist. Wenn er in der Weihnacht kommt, teilt er gleichsam den Honig aus. Dann muss es wahr sein, dass die Erde davon fließt; wo er ist, da ist alle Bitterkeit verschwunden, da stimmen Himmel und Erde, Gott und Mensch überein, und der Honig, das Honiggebäck, ist Zeichen dieses Friedens, der Eintracht und der Freude.«

PAPST BENEDIKT XVI.

Honigküchlein

ZUTATEN:

- 3 Eier
- 1 Eigelb
- 3 Eßl. Honig
- 1 Pfd. Zucker
- 1 Teel. Zimt
- 1 Messerspitze Nelken
- 3 g Ammonium
- 1¼ Pfd. Mehl

ZUBEREITUNG:

Unter die mit Zucker verrührten Eier gibt man den flüssigen Honig, Gewürze, Ammonium und Mehl und arbeitet den Teig auf dem Nudelbrett glatt zusammen. Man wellt ihn ¼ cm dick aus, sticht runde Plätzchen ab im Durchmesser von 5–6 cm, legt diese auf ein mit Mehl bestäubtes Brett und läßt sie 24 Std. ruhen. Am anderen Tag gibt man die Küchlein auf ein gestrichenes, mit Mehl bestäubtes Blech und bäckt sie in mäßiger Hitze etwa 50 Min. Die Küchlein müssen 2–3 Wochen vor dem Gebrauch hergestellt werden, damit sie weich werden können. (Stückzahl: 80.)

KOCHBUCH DER HAUSHALTUNGS- UND KOCHSCHULE DES BADISCHEN FRAUENVEREINS, 1918

»Es wird Weihnachten! Mein ganzes Haus riecht schon nach braunem Kuchen – versteht sich nach Mutters Recept – und ich sitze so zu sagen schon seit einer Woche im Scheine des Tannenbaums. Ja, wie ich den Nagel meines Daumens besehe, so ist auch der schon halbwegs vergoldet. Denn ich arbeite jetzt Abends nur in Schaumgold, Knittergold und bunten Bonbonpapieren […] Gestern Abend habe ich sogar Mandeln und Citronat für die Weihnachtskuchen schneiden helfen, auch Kardamom dazu gestoßen und Hirschhornsalz.«

THEODOR STORM AN DIE ELTERN, 20. DEZEMBER 1856

Gute Braun- oder Lebkuchen

- 1170 g feines Mehl
- 2 Pfund Zuckersirup
- 125 g Zucker
- 125 g ausgewaschene Butter
- 125 g grobgestoßene Mandeln
- die Schale einer Zitrone
- 8 g Zimt
- 8 g Nelken
- 2 g Kardamom
- stark 30 g gereinigte, in etwas Milch aufgelöste Pottasche

ZUBEREITUNG:

Den Sirup läßt man auf dem Feuer dünn werden, tut dann Butter, Mandeln und Gewürz hinein, setzt den Topf vom Feuer, rührt das Mehl allgemach dazu, und wenn es abgekühlt ist, auch die Pottasche. Die Masse wird besser, wenn sie mindestens 8 Tage an einem warmen Orte steht. Man bringe sie einen halben Finger dick auf eine heißgemachte, mit weißem Wachs bestrichene und wieder abgewischte (in Ermangelung mit Butter bestrichene) Platte und setze sie bei etwas mehr als 2 Grad Hitze in den Ofen. Die Kuchen sind, sobald sie inwendig trocken geworden, gar, und werden dann sogleich mit einem scharfen Messer auf der Platte in Form eines Kartenblattes geschnitten. Will man sie glacieren, so schlägt man Eiweiß etwas schäumig, rührt es mit Zucker zu einer flüssigen Masse, bestreicht damit die Kuchen ganz dünn und läßt es trocknen. Auch kann man auf der Platte, ehe dieselben in den Ofen kommen, halbe Mandeln aufdrücken. | → *Abbildung S. 27*

Weiße Pfeffernüsse

ZUTATEN:

- 1 Pfund feinstes Mehl
- 1 Pfund Zucker, beides durchgesiebt
- 4 große Eier
- 100 g Zitronat
- die Schale einer Zitrone
- 1 Muskatnuß
- 1 Eßlöffel Zimt
- 1 kleiner Teelöffel gestoßene Nelken
- 15 g gereinigte Pottasche

ZUBEREITUNG:

Eier, Zucker, Pottasche und Gewürz werden gut gerührt, auf einem Backbrett mit dem Mehl stark bearbeitet, kleine Kügelchen davon geformt und auf einem Blech langsam gebacken.

BEIDE REZEPTE AUS: HENRIETTE DAVIDIS, ILLUSTRIERTES PRAKTISCHES KOCHBUCH FÜR DIE BÜRGERLICHE UND FEINE KÜCHE, NEU BEARBEITET VON HELENE FABER (19. JH.)

Der Ursprung der Weihnachtsbäckerei liegt einer alten Legende nach in einer Begegnung von Hirten und Engeln.

Die Hirten hatten gerade ihre aus Wasser und Mehl gekneteten fladenförmigen Brote auf heiße Steine gelegt, als sie von der frohen Botschaft der Engel überrascht wurden. Eilig machten sie sich auf den Weg nach Bethlehem, um das Kind anzubeten. Als sie zurückkehrten, fürchteten sie, dass ihre Brote verkohlt seien. Doch ein Engel hatte über die Brote gewacht, so dass ihnen zu ihrer eigenen Überraschung ein himmlischer Duft entgegenströmte. Sie kosteten von dem dunklen Brot, das keinesfalls verbrannt war, im Gegenteil: es war von einer ungeahnten Süße und Würze. Sie brachen es in kleine Stücke, damit jeder von ihren Freunden und Verwandten ein Stück bekommen konnte. Zur Erinnerung an dieses Wunder haben sie dann jedes Jahr zu Weihnachten solche kleinen leckeren süßen Kuchen gebacken.

ALTE LEGENDE

Aachener Printen

Eine besondere Spezialität Aachens sind die Printen. Sie haben ihren Namen von dem niederländischen Begriff *prent,* was zu deutsch »Abdruck« bedeutet; ursprünglich wurde der entsprechende Teig nämlich, wie das Spekulatiusgebäck (vgl. Nikolaustag), in kunstvoll geschnitzte Holzmodel gedrückt, deren figürliche Bilder dem Gebäck aufgedrückt sind.

Um die Entstehung der Aachener Printen ranken sich eine Reihe von Sagen und Legenden. Eine dieser alten Legenden erzählt:

Infolge der großen Feuersbrunst, die im Jahr 1656 ausbrach, herrschte unter der Aachener Bevölkerung große Hungersnot. Da erinnerte sich ein alter Bäcker an ein einheimisches Backwerk, das seinerzeit das Lieblingsgebäck von Kaiser Karl gewesen war. Aber keiner der Bäcker war imstande, sich genau an das Originalrezept zu erinnern – der Kaiser hatte es offensichtlich mit ins Grab genommen, und niemand wagte, seine Totenruhe zu stören.

Ein Bäckerlehrling war es, der in seinem jugendlichen Eifer auf die Idee kam, die kaiserliche Ruhestätte, die allgemein nicht bekannt war, zu suchen und das Rezept herbeizuschaffen. Da tauchte der Teufel als vermeintlicher Helfer in der Not auf und schlug dem Burschen einen Pakt vor: Er, der Teufel, weise ihm den Weg zur Gruft – und im Gegenzug besorge ihm der Bäckerjunge den Schlüssel zur Schatzkammer.

Schon in der nächsten Nacht führte der Teufel den Lehrjungen zum Grab von Kaiser Karl. Als dieser von der Not seiner geliebten Stadt Aachen erfuhr, gab er das Rezept preis, um anschließend wieder die Augen zu schließen und seine Ruhe fortzusetzen.

Der Bäckermeister war erst einmal über das Vorgehen seines Lehrlings fassungslos, witterte aber schnell das große Geschäft. Die Printen verkauften sich wie warme Semmeln und erfreuten sich, auch über Aachen hinaus, wachsender Beliebtheit.

Doch eines Tages, als der Bäckerlehrling sein Versprechen längst vergessen hatte, erschien der Teufel und forderte seinen Anteil des Pakts. Um den Teufel gnädig zu stimmen, reichte er ihm ein Backblech mit frischen, leckeren Aachener Printen.

Vom Duft und Geschmack der Printen berauscht, verdrückte der Teufel das köstliche Gebäck so gierig, dass er das Backblech gleich mit verschlang. Von höllischen Bauchschmerzen geplagt, tauchte der Teufel ab in den Ort der Verdammnis.

Thorner Kathrinchen

Mit dem 25. November, dem Namenstag der heiligen Katharina, begann gewissermaßen die traditionelle Weihnachtsbäckerei, denn an diesem Datum wurde der Teig für die »Katharinchen« zubereitet, die vor allem als »Thorner Kathrinchen« berühmt geworden sind. Der Teig sollte bis zu acht Tage ruhen, so dass dann zum ersten Advent mit dem Backen begonnen werden konnte.

Die Thorner Kathrinchen hatten ursprünglich die Form von Kettengliedern. Die Legende von der heiligen Katharina erklärt den Grund dazu. Im 3./4. Jahrhundert n. Chr. lebte in Alexandrien eine Königstocher, die weiser, reicher und schöner war als irgendein anderer Mensch in Ägypten. In ihrem Stolz wollte sie sich nur mit demjenigen vermählen, der ihr an Weisheit, Reichtum und Schönheit überlegen sei. Eines Tages begegnete sie einem christlichen Priester, der ihr verkündigte, dass Christus unermesslich viel weiser, reicher und schöner sei als es einem Menschen zukommen könne. Da schenkte sie Christus ihr Herz.

Als der römische Kaiser Maxentius in Alexandrien einzog und befahl, dass die Bevölkerung den Götzen opfern sollte, verrieten viele Christen ihren Glauben. Empört darüber trat Katharina vor den Kaiser und bat ihn in flammender Rede, er möge seine Philosophen befragen: sie würden ihm erklären, dass die Götzen, die er anzubeten befohlen hatte, nichts anderes seien als Erdengeschöpfe, die das Volk zu höheren Wesen gemacht habe. Zugleich bekannte sie vor ihm ihren christlichen Glauben.

Der Kaiser, fasziniert von ihrem Mut und ihrer Schönheit, bestellte für den kommenden Tag fünfzig Philosophen zu einer Disputation mit Katharina ein. Der Tag endete damit, dass Katharina sie überzeugte und sie abends zur christlichen Lehre übertraten.

Empört darüber ließ Kaiser Maxentius die Philosophen ermorden.

Katharina aber versuchte er, auf andere Weise zu gewinnen: er bot ihr sogar den Platz neben seinem Thron. Als Katharina auch darauf nicht einging, ließ er sie mit dicken Ketten auf ein Rad binden und mit eisernen Ruten zerfleischen. Katharina aber spürte keine Schmerzen und ging singend in den Tod.

NACH DER LEGENDA AUREA

31

Thorner Kathrinchen

ZUTATEN:

- 500 g Honig
- 375 g Zucker
- 375 g Mandeln
- 750 g Weizenmehl, Type 1005 oder Roggenmehl
- 30 g Pottasche
- 1 Teelöffel gemahlener Zimt
- 1 Teelöffel gemahlene Gewürznelken
- 1 Teelöffel gemahlener Kardamon
- ½ Teelöffel geriebene Muskatnuss
- ½ Teelöffel geriebene Muskatblüte
- 1 Prise Salz
- 1 Glas Rum
- Fett und Mehl für die Form

ZUBEREITUNG:

Honig mit Zucker erhitzen und schmelzen lassen, unter gelegentlichem Umrühren fast erkalten lassen, dann Gewürze, gemahlene Mandeln, Mehl und die im Rum aufgelöste Pottasche hinzugeben und alles gut verrühren und verkneten. Den Teig zugedeckt einen Tag stehen lassen. Viele finden das Gebäck am besten, wenn der Teig 8 Tage ruht. Den Teig dann einen halben Zentimeter dick ausrollen und mit Spezialformen oder rund ausstechen, auf ein eingefettetes Blech legen und etwa 15 Minuten bei 180–200 Grad Celsius backen. Noch warm mit Zuckerguß bestreichen.

SYBIL GRÄFIN SCHÖNFELDT

Das Marzipan

Eine Süßigkeit, die auf keinem bunten Teller der Advents- und Weihnachtszeit fehlen darf, ist das *Marzipan* oder auch *Brot der Engel*. Während es heutzutage das ganze Jahr über Marzipan in mannigfachen Konfektformen zu kaufen gibt, wurde es im 17. und 18. Jahrhundert in fränkischen Städten wie Nürnberg in unterschiedlichen Modeln aus Holz, Ton oder Zinn speziell zur Weihnachtszeit gebacken. Diese Formen bildeten zunächst biblische Motive, später aber auch Bauern und Handwerker, Herzen oder Rauten ab. Patrizierfamilien ließen sich sogar ihre Wappen aus Marzipan gestalten.

Woher die Bezeichnung Marzipan letztlich stammt, ist ungewiss. Sicher bezeugt ist seit dem 15. Jahrhundert nur, dass die Bezeichnung Marzipan für eine aus Mandeln, Zucker und Rosenwasser hergestellte Süßigkeit dem italienischen *marzapane* entlehnt wurde. Ihre Herstellung fand übrigens zunächst nur in Apotheken statt, da diese über das dafür notwendige Rosenwasser verfügten.

Möglicherweise ist der Begriff auf den arabischen Ausdruck *mautaban* zurückzuführen, den Namen für eine Münze mit der Abbildung des auf dem Thron sitzenden Christus, die zur Zeit der Kreuzzüge (11. bis 13. Jahrhundert) im Umlauf gewesen war. Die Venezianer bildeten eine solche Münze nach und nannten sie *mat(t)apan*. Mit dem gleichen Wort wurde auch eine Kiste mit einem Rauminhalt von 1/10 Scheffel benannt; in solchen Kisten wurde das *marzapane* in den Handel gebracht. In Deutschland wurde es dann bald volkstümlich als *marci pane* bezeichnet, als Brot des heiligen Markus, des Schutzheiligen der Bäcker, dem der Markusdom in Venedig geweiht ist.

Einer anderen Herleitung zufolge bedeutet das italienische *marzapane* so viel wie »Märzbrot«, das im März gebacken wurde und zu Ostern als Osterbrot auf den Tisch kam.

Im *New Kochbuch 1581, Rezeptteil, Blatt CLXVb und folgende (= R 171b): Von allerlei Gebackens/wie man es zurichten sol* von *Marx Rumpolt* findet sich ein altes Rezept für die Herstellung von Marzipan:

Nimb Mandeln / die fein abgezogen / vnd vber Nacht geweicht seind in einem Wasser. Stoß die Mandeln mit Zucker / dz ein Teig darauß wirt / thu jn auff ein Oblat / vnd nimb ein wenig Rosenwasser darvnter / treibs fein auß mit einem Walger / oder drucks in einem Model / der rundt ist / scheubs in Ofen / der nicht heiß ist / vnd laß backen / so wird es fein aufflauffen. Vnd wenns aufflauffen ist / so thu es herauß / vnd laß kalt werden / so ist es ein guter Marcipan / wenn man jn auff ein Tisch gibt.

MARX RUMPOLT 1581

Da Marzipan, auch wegen der hohen Zuckerpreise, sehr teuer war, gehörte es vom 14. bis ins 19. Jahrhundert nur auf die Tische von Fürsten und später auch von wohlhabenden Bürgern, wo es sogar als Nachtisch serviert wurde. Für die ärmeren Schichten stellte es eine schier unerreichbare Kostbarkeit dar. In der Erzählung »Unter dem Tannenbaum« beschreibt Theodor Storm das Leben der Storm-Familie nach der Vertreibung aus der schleswig-holsteinischen Heimat durch die Dänen in der Fremde:

> »Es war ein fest vernageltes hölzernes Kistchen. Aber der Amtsrichter
> holte Hammer und Meißel aus seinem Geräthkästchen; nach ein paar
> Schlägen sprang der Deckel auf, und eine Fülle weißer Papierspäne
> quoll ihm entgegen.
> ›Zuckerzeug!‹ rief Frau Ellen und streckte schützend ihre Hände
> darüber aus.
> ›Ich wittere Marzipan! Setzt euch; ich werde auspacken!‹
> Und mit vorsichtiger Hand langte sie ein Stück nach dem andern
> heraus und legte es auf den Tisch, das nun von Vater und Sohn
> aus dem umhüllenden Seidenpapier herausgewickelt wurde.«

THEODOR STORM

1806 wurde in Lübeck die erste Marzipanfabrik gegründet. Neben Lübeck und Nürnberg hat sich auch Königsberg mit der Herstellung von Marzipan einen Namen gemacht. Gertrud Müller Thalwitzer erzählt:

»Das Marzipanbacken in Ostpreußen zu Weihnachten war nicht nur eine hausfrauliche Tätigkeit, sondern es barg – zumindest noch im vorigen Jahrhundert – eine kultvolle Handlung in sich. Da waren festgefügte Gesetze vererbt durch Generationen, die den Töchtern und Schwiegertöchtern mit geheimnisvoller Würde übermittelt wurden … Ich will hier etwas davon erzählen.

Auf dem Gut meines Onkels in Masuren begannen die Vorbereitungen des Marzipanbackens am Sonntag vor dem Weihnachtsfest … Also, am letzten Sonntag vor Weihnachten, wenn morgens der Frühstückstisch abgeräumt war, wurde der Eßtisch in voller Länge ausgezogen und blitzsaubere Laken darüber gebreitet. Dann kam das gesamte weibliche Hauspersonal, Wirtin, Stuben- und Küchenmädchen in frischgewaschenen Schürzen und mit blankgescheuerten Händen herein. Jeder bekam ein Reibeisen und ein großes Stück Hutzucker (damals wurde fast nur Hut- und Würfelzucker im Haushalt auf dem Land verwandt), und setze sich an den Tisch. Die Hausfrau, Besuch und erwachsene Töchter hatten die Mandeln zu bearbeiten. Die waren schon den Abend vorher gebrüht, abgezogen und getrocknet, und wurden nun auch auf kleinen Reibeisen gerieben.

Mein Onkel, als Hausherr, saß obenan, las eingangs ein Stück der Weihnachtsgeschichte vor, und stimmte dann einen Weihnachtschoral an, den alle stehend mitsangen. Danach begann nun ein emsiges Reiben, der Zucker knirschte und rappelte, die Mandeln benahmen sich sanft und gedämpft dagegen …

War nun alles gerieben, wog der Hausherr Mandeln und Zucker zu gleichen Teilen ab, und nun begann die wichtige Arbeit des Knetens. In einer großen Schüssel wurde die Masse solange durcheinander gearbeitet – eine schwere, muskelbeanspruchende Sache –, bis eine ölig-glänzende Kugel die Mühe krönte.

Meist war es dann Mittag geworden, das Essen gab die Arbeitspause, und am Nachmittag begann dann das Ausrollen der Masse, was von Madamchen und Mamsellchen vollführt wurde. Die Töchter halfen beim Ausstechen der Herzen, Halbmonde und Rundstücke, die Ränder wurden geschnitten und, mit Rosenwasser angefeuchtet, aufgesetzt. Wenn jetzt alles geformt war, wurden die zierlichen Kostbarkeiten auf einem großen Brett über Nacht in die ›gute Stube‹ gestellt …

Nachdem die Ränder, die mit Streichhölzchen eingekerbt waren, mit rotglühenden Bolzen gebräunt wurden, kam der berühmte Guß hinein, dessen Rezept Familiengeheimnis war, und dann erst begann das Garnieren. Aus eingemachten grünen Walnüssen und roten Hagebutten schnitt man feine Figuren, die in jedes Stück kunstvoll eingelegt wurden. Kein Wunder, wenn diese kleinen Wunder am Weihnachtsabend sehr sparsam obenauf auf unseren bunten Tellern prangten, und wir Kinder uns eine besondere Feierstunde aussuchten, in der wir, im neuen Märchenbuch lesend, unsern Marzipan verzehrten. Der jeweilige Besuch nahm auch stets mit Andacht diese Kostbarkeit entgegen, und Stolz und Freude erfüllte die Hausfrau, wenn Aussehen und Aroma gepriesen wurden.«

Traditionelles Marzipanrezept

ZUBEREITUNG:

1 Pfd. Mandeln werden geschält und sehr fein gerieben mit 400 g Puderzucker und 3–4 Eßl. Rosenwasser vermengt. Dann auf mäßig heißer Herdstelle im Kupferkessel oder Aluminiumtopf solange mit Holzlöffel bearbeitet, bis die Masse sich vom Boden löst, zum Kloß ballt und nichts mehr beim Eindrücken an dem Finger hängen bleibt. Länger der Hitze ausgesetzt, wird sie bröckelig und ist nicht mehr haltbar zu formen. Die Masse wird dann mit 100 g Puderzucker bis zum Abkühlen durchwirkt und an der Luft in mäßig warmem Raum trocknen gelassen, dann in Blech- oder Porzellangefäß verwahrt und nach Bedarf davon abgeschnitten. Für diesen Zweck ist die lange Brotform am passendsten.

DAVIDIS-SCHULZE, DAS NEUE KOCHBUCH FÜR DIE DEUT-
SCHE KÜCHE, 1934

Mandelgebäck Makronen

ZUTATEN:

· 1 Pfd. geschälte
  geriebene Mandeln
· 1 Pfd. Zucker
· 1 Eiweiß
· Schale ½ Zitrone
· 6 Eiweiß

ZUBEREITUNG:

Mandeln, Zucker und 2 Eiweiß werden in einer Messingpfanne gut gemengt und auf der nicht zu heißen Herdplatte so lange gerührt, bis sich die Masse zusammenballt. Nun mengt man die abgeriebene Schale der Zitrone und den Schnee der 6 Eiweiß darunter, formt mit 2 Teel. gleichmäßige Makronen oder spritzt die Masse mit Hilfe eines Spritzsackes und einer gezackten Tülle auf ein belegtes Blech. Die Makronen dürfen nur in sehr mäßig heißem Ofen hellgelb gebacken werden. Sobald sie aus dem Ofen kommen, legt man das Papier auf einen naßgemachten Tisch und löst die Makronen nach 5 Min. vorsichtig ab. (Backzeit: 40–50 Min. Stückzahl: 100–110)

KOCHBUCH DER HAUSHALTS- UND KOCHSCHULE DES
BADISCHEN FRAUENVEREINS 1918

Frankfurter Brenten

I. Die 24 Stunden alte Marzipanmasse wird mit 4 Eiweiß und 50 g Puderzucker nochmals durchwirkt. Davon abgestochene Stücke werden in flache Holz-Backform gedrückt, auf ein Backblech gestürzt und auf diesem in schwach warmer Röhre übertrocknet. Erkaltet mit dem Glasiereisen leicht gebrannt. Zwischen Papierschicht in Blechdose zu verwahren. Mit dem Papier herauszuheben.

II. Der vorstehenden Masse werden noch 75 g würflig geschnittene Sukkade und 2 Eßl. Mandelschnitzel untermengt. Die Masse wird ½ cm dick auf Oblatenstreifen oder -vierecke gestrichen und auf dem Blech bei schwacher Hitze gebacken. Mit beliebiger Wasserglasur zu überziehen.

DAVIDIS-SCHULZE, DAS NEUE KOCHBUCH FÜR DIE DEUTSCHE KÜCHE, 1934

HINWEIS ZU I.: Wenn man keine entsprechende Holzform hat, kann man dem Teig auch so viel Puderzucker beifügen, bis man ihn auf Puderzucker ausrollen und Formen davon ausstechen bzw. ihn mit dem Teigrädchen in Streifen schneiden kann.

HINWEIS ZU II: Hübsch sieht es aus, wenn man auf den Zuckerguss noch etwas ganz fein gewürfelte Sukkade (Orangeat und Zitronat) und ganz klein gehackte Mandeln gibt.

Frankfurter Brenten und Bethmännchen

Frankfurter Brenten sind eine aus Frankfurt am Main bekannte Gebäckspezialität, deren Tradition auf das Mittelalter zurückgeht. Einen Rezeptvorschlag für die Frankfurter Brenten hat Eduard Mörike in Gedichtform präsentiert:

Mandeln erstlich, rat ich dir,
Nimm drei Pfunde, besser vier
(im Verhältnis nach Belieben);
Diese werden nun gestoßen
und mit ordinärem Rosen-
Wasser feinstens abgerieben.
Je aufs Pfund Mandeln akkurat
Drei Vierling Zucker ohne Gnad.
Denselben in den Mörsel bring,
Hierauf ihn durch ein Haarsieb schwing!
Von deinen irdenen Gefäßen
Sollst du mir dann ein Ding erlesen, –
Was man sonst eine Kachel nennt;
Doch sei sie neu zu diesem End!
Drein füllen wir den ganzen Plunder
Und legen frische Kohlen unter.
Jetzt rühr und rühr ohn Unterlass,
Bis sich verdicken will die Mass',
Und rührst du eine Stunde voll:

Am eingetauchten Finger soll
Das Kleinste nicht mehr hängen bleiben;
So lange müssen wir es treiben.
Nun aber bringe das Gebrodel
In eine Schüssel (der Poet,
Weil ihm der Reim vor allem geht,
Will schlechterdings hier ein Model,
Indes der Koch auf ersterer besteht)!
Darinne drücks zusammen gut;
Und hat es über Nacht geruht,
Sollst dus durchkneten Stück für Stück,
Auswellen messerrückendick
(Je weniger Mehl du streuest ein,
Um desto besser wird es sein).
Alsdann in Formen seis geprägt,
Wie man bei Weingebacknem pflegt;
Zuletzt, – das wird die Sache frommen,
Den Bäcker scharf in Pflicht genommen,
Dass sie schön gelb vom Ofen kommen.

EDUARD MÖRIKE

Bekanntlich ließ sich Johann Wolfgang von Goethe diese Frankfurter Brenten von seiner Mutter zu Weihnachten schicken; sie ging persönlich »zum Contitor um das Zuckerwerk auszusuchen«.[6] Aus dem gleichen Teig wie die Brenten werden die *Bethmännchen* hergestellt. Die Bethmännchen sind nach der Frankfurter Familie Bethmann benannt. Einer Legende nach hat sie der Pariser Konditor Jean Jaques Gautenier 1838 erfunden, der zu Beginn des 19. Jahrhunderts Küchenchef im Hause des Bankiers und Ratsherrn Simon Moritz von Bethmann gewesen war. Die Bethmännchen sollen ursprünglich an ihren Seiten mit vier Mandelhälften belegt worden sein; jede Mandel galt einem der Söhne Bethmanns (Moritz, Karl, Alexander und Heinrich). Nachdem Heinrich verstorben war, wurde eine Mandel weggelassen; diese Tradition, die Marzipankugeln mit drei Mandelhälften zu verzieren, hat sich bis heute gehalten. So weit die Legende – vermutlich ist das Rezept für Bethmännchen aber älteren Datums.

Zimtsterne

Aus den ursprünglichen Marzipan- und Lebkuchengebäcken haben sich im Laufe der Zeit umfangreiche Rezepturen für Weihnachtsgebäck entwickelt, deren unterschiedliche Formen wiederum von symbolischer Bedeutung sind. So weist die Form des Kringels als Kreissymbol auf die Ewigkeit hin, während der zopfartig geflochtene Kranz aus Hefe- oder Mürbeteig als Siegeszeichen Christi über den Tod verstanden werden kann. Gebäck in Sternform, wie zum Beispiel die Zimtsterne, erinnern an den Stern von Bethlehem, der den Königen aus dem Morgenland den Weg zu Stall und Krippe gewiesen hat.

Christas Zimtsterne

ZUTATEN:

· 250 g gemahlene Mandeln
· 200 g Marzipanrohmasse
· 250 g Puderzucker
· 50 g feiner Zucker
· 2 gehäufte Tl Zimt
· 3 Eiweiß
· 150–200 g gemahlene
  Mandeln zum Ausrollen

FÜR DIE GLASUR:

· 1 ½ Eiweiß
· 250 g Puderzucker

ZUBEREITUNG:

● | Mandeln, Marzipan, Puderzucker, feinen Zucker, Zimt und Eiweiß mit den Knethaken des Rührgeräts zu einem glatten Teig verarbeiten. Sollte er noch an den Fingern kleben, weitere gemahlene Mandeln dazugeben und unterkneten. ● | Das Eiweiß zu einem steifen Schnee schlagen, dabei nach und nach den Puderzucker dazugeben. ● | Den Teig auf geriebenen Mandeln (ohne Zusatz von Mehl!) etwa 1 cm dick ausrollen, Sterne ausstechen, einzeln mit der Eiweißglasur bestreichen und auf ein mit Backpapier ausgelegtes Backblech legen. ● | Den Backofen auf 190 Grad C vorheizen und die Sterne auf der mittleren Schiebeleiste so lange backen, bis die Glasur einen leichten Hauch von Bräune zeigt ● | Backzeit: Elektroherd: 190 Grad C, 5–6 Min, Gasherd: Stufe 2–3 , 5–6 Min, Umluftherd: 175 Grad C, 4–5 Min.

Nikolaustag (6. Dezember)

Der Nikolaustag ist – außer den Sonntagen – der einzige Tag in der Adventszeit, an dem man es mit dem Fasten nicht so genau nahm. Er erinnert an den Bischof Nikolaus von Myra, der in der ersten Hälfte des 4. Jahrhunderts gelebt haben und am 6. Dezember um das Jahr 350 gestorben sein soll.

In der byzantinischen Kirche wurde er aufgrund seiner vielen barmherzigen Taten bereits seit dem 6. Jahrhundert verehrt. Im Westen breitete sich der Kult um den Heiligen erst im 12. Jahrhundert aus, nachdem seine Gebeine unter Papst Urban II. von Myra nach Bari (Italien) überführt worden waren. Seine zahlreichen Wohltaten haben zu reicher Legendenbildung angeregt. So soll er zum Beispiel dem Vater von drei armen Mädchen Gold durch den Kamin geworfen haben, damit dieser sie nicht verstoßen musste, sondern sie verheiraten konnte. Von dieser Legende her hat sich der Brauch entwickelt, am 6. Januar Strümpfe an den Kamin zu hängen oder Schuhe vor die Tür zu stellen, die ursprünglich mit Äpfeln, Nüssen und Mandeln gefüllt wurden. Nüsse und Mandeln symbolisieren das Wort Gottes: In einer einfachen, harten und hölzernen Schale ist ein süßer Kern verborgen. Der Mensch muss im Laufe des Lebens lernen, an das Geheimnis von Weihnachten, das sich in dem einfachen Stall und der harten, hölzernen Krippe verbirgt, vorzudringen, um die Süße, den Kern der Botschaft vom Evangelium, schmecken zu können, wie es in folgenden Versen zum Ausdruck kommt.

Die *bittere* Hülle weist auf die *Passion*
von Jesus Christ, dem Gottessohn.
Die *hölzerne* Schale bedeutet den herben
Tod, den Jesus am *Kreuz* muss sterben.

Der Kern ist *süß* und *ölhaltig* zugleich:
Christus *stillt unser Verlangen* nach seinem Reich,
sein *göttliches Licht* schenkt unserem Sein,
auf ewig einen himmlischen Schein.

Der Apfel erinnert an das mit Adam und Eva verloren gegangene Paradies. Da mit Jesus Christus der neue Adam, der neue Mensch (Römer 5, 12–21, vgl. auch Epheser 4,22; Kolosser 3,9) in die Welt kam, durch den der »alte Adam« und damit zugleich die Sünde überwunden und das verlorene Paradies wieder gewonnen ist, hatte sich auch die Sitte eingebürgert, den Weihnachtsbaum unter anderem mit Äpfeln zu behängen, die Vorläufer unserer heutigen Weihnachtskugeln sind.

Seit dem Mittelalter existierte an Klosterschulen die Sitte, am Nikolaustag einen Kinderbischof zu wählen, der bis zum 28. Dezember, dem Gedenktag der von Herodes ermordeten »Unschuldigen Kindlein«, im Amt war. Ein durch eine penible Wahlordnung bestimmter Schüler verkleidete sich am Nikolaustag als Bischof und durfte die Macht im Kloster übernehmen: Er musste eine Rede halten, hatte das Recht, sowohl die Mönche als auch seine Mitschüler zu befragen und ihrem Benehmen nach zu rügen oder gar zu bestrafen, andererseits aber auch zu loben und mit Süßigkeiten zu belohnen. An den anderen Sonn- und Feiertagen genoss er eine Reihe von Privilegien.

Aus diesem Brauchtum entwickelte sich die Sitte, dass der Nikolaus am Vorabend des 6. Dezember, in ein Bischofsornat gekleidet, die Kinder in ihrem Wissen um den christlichen Glauben befragte und sie mit Süßigkeiten beschenkte. Dabei wurde er oft von Schreckgestalten begleitet, die jene Kinder bestraften, die nicht gelernt hatten oder nicht brav gewesen waren. Diese ursprünglich teuflischen, nunmehr aber gezähmten Figuren werden – bis heute – je nach Region Knecht Ruprecht, Krampus, Klausmänneken oder Buzebercht genannt. Ihre kultische Herkunft wird in den wilden Poltergeistern des Germanengottes Wotan vermutet, die in den Raunächten (24. Dezember bis 6.Januar) ihr Unwesen trieben.

Martin Luther hat das katholische Brauchtum zum Gedenken des heiligen Nikolaus von Myra um 1535 für die reformatorischen Christen abgeschafft und stattdessen die Sitte eingeführt, dass der »Heilige Christ« bzw. das »Christkind« die evangelischen Kinder zu Weihnachten beschenkt. Allerdings erschien das »Christkind«, sicher gegen Luthers Intention, fortan meistens als Mädchengestalt in weißen Kleidern. Die Sitte der weihnachtlichen Bescherung der Kinder verbreitete sich, von den evangelischen Landstrichen ausgehend, im Laufe der Jahrhunderte über ganz Europa, konnte aber den traditionellen Nikolaustag nicht ersetzen.

Zur Erinnerung an die zahlreichen Wohltaten des Bischofs Nikolaus von Myra, den Schutzpatron der Seefahrer, Kaufleute, Bäcker, Schüler, Juristen, Diebe und Gefangenen, wurden die *Spekulatien* (speculator, lat. Aufseher, auch Bischof) gebacken, die in kunstvoll geschnitzten Holzmodeln ursprünglich nur den heiligen Nikolaus auf seinem Schimmel dargestellt hatten, im Laufe der Zeit aber auch andere Motive formten. Anschaulich beschreibt der Maler H. Wilhelm Tischbein (1751–1829) in seinen Lebenserinnerungen:

»Mein Großvater hatte die Formen dazu in Holz geschnitten. Da waren Hähne, die Augen mit Weiß gemalt, Hasen, Gemsen, Eichhörnchen, Hirsche, Reiter auf Pferden, Jungfern mit Reifröcken, Herrn mit Degen und Braut und Bräutigam, die Arm in Arm gingen; einzelne Herzen und zusammengefügte Herzen, auch schöne Blumen in allen Farben. Lange bewunderte ich diese lieben Blumen und zeichnete sie nach. Wir Kinder hatten eine ganze Sammlung, womit wir Monate lang den Winter hindurch spielten.«

H. WILHELM TISCHBEIN

Spekulatius

ZUTATEN:

- 500 Gramm Weizenmehl
- 2 gestrichene Teel.
  Dr. Oetker's »Backin«
  [Backpulver]
- 200 g Zucker
- 1 Päckchen Dr. Oetker's
  Vanillinzucker
- 1 Teel. Zimt
- 1 Messerspitze gemahlene
  Nelken
- 1 Ei
- etwa 3 Eßl. Milch
- 175 g Butter

ZUBEREITUNG:

Das Mehl wird mit »Backin« gemischt, auf ein Backbrett gesiebt und zu einem Kranz auseinandergezogen. In die Mitte gibt man Zucker und Vanillinzucker und verrührt beides mit den Eiern [dem Ei], der Milch, den Gewürzen und etwas Mehl zu einem dicken Brei. Die Butter wird in kleine Stücke geschnitten, daraufgegeben, mit Mehl überstäubt und alles zu einem festen Teig verknetet. Man rollt ihn gleichmäßig aus, sticht Formen daraus oder drückt ihn in Spekulatiusformen.
Die Plätzchen müssen nach dem Backen sofort vom Blech gelöst werden. Backzeit 15–20 Minuten bei Mittelhitze.

DR. OETKERS SCHULKOCHBUCH, 1937

Eine andere Bezeichnung für Spekulatius war »Heiligenchristzeug«. Die berühmte Frauenrechtlerin Helene Lange (1848–1930) erzählt über ihre Kindheit in Oldenburg:

> »Etwa sechs Wochen vorher erschienen in den Bäckereien die ersten Vorzeichen. ›Heiligenchristzeug‹, ein Gebäck, das noch heute für mich der Inbegriff aller weihnachtlichen Gerüche, Geschmäcke und Gefühle ist; ›braune Kuchen‹ kamen erst in zweiter Reihe. Das Allerbeste gab es bei Bäcker Schütte in der Schüttingstraße. Es war mit allerlei altertümlichen Formen ausgestochen; wir hatten besondere Lieblinge darunter: Josua und Kaleb mit der Weintraube und den Elefanten. Ich bin nicht sicher, ob nicht gerade der bei diesen Figuren besonders ansehnliche Flächeninhalt dabei mitsprach; ein niedliches Pärchen, das in einer Laube saß, wurde selten gewählt, es wies zu viel Höhlungen auf.«
>
> HELENE LANGE

Ein weiteres Gebäck, das vornehmlich zum Nikolaustag aus Hefeteig hergestellt wurde und auch heute noch in den Bäckereien zu finden ist, sind besondere *Gebildbrote* wie *Klausen- oder Klasenmänner*: je nach Gegend werden sie als *Hefe- oder Stutenkerle* oder auch als *Dambedei* bezeichnet, deren Augen aus zwei Rosinen bestehen. Diese männliche Figur sollte ursprünglich, an germanische Traditionen erinnernd, das Jahr darstellen; der oft in der Mitte gelegte Teigstrang oder eine mitgebackene kleine Tonpfeife teilte sie in die aufsteigende und hinabführende Jahreshälfte. Im Laufe der Christianisierung wurden und werden sie als Erinnerung an den Heiligen Nikolaus am 6. Dezember in die Schuhe gesteckt und, auch in den Tagen davor und danach, als spezifisches vorweihnachtliches Backwerk verkauft.

Der Heilige Abend

Da der Heiligabend in der katholischen Kirche noch zur Fastenzeit zählt, man ihn als Vorabend des Weihnachtstages aber schon festlich beging, hat sich die Tradition spezieller Fischgerichte entwickelt, zu denen bis heute sowohl herzhafte *Heringssalate* als auch unterschiedliche Zubereitungsformen von *Karpfen* und *Hecht* zählen. Der Fisch galt als »reines Tier« (vgl. Fastenzeit); er ist uraltes Sinnbild des Wassers und damit zugleich ein Symbol für Fruchtbarkeit und Leben. Die griechische Bezeichnung für Fisch, ICHTHYS, wurde mit den Anfangsbuchstaben von Jesu Namen und seiner Bedeutung in Verbindung gebracht:

I	Iesus	Jesus
CH	Christos	Christus
TH	Theou	Gottes
Y	Hyios	Sohn
S	Soter	Retter

Wahrscheinlich wurde das Fischsymbol anfangs unter Rückbezug auf Matthäus 4,19, wo es heißt: »Da sagte er zu ihnen: Kommt her und folget mir nach! Ich werde euch zu Menschenfischern machen« zur Bezeichnung getaufter Christen angewandt. Jedenfalls ging dieser Sprachgebrauch zunächst in das Predigtmaterial für getaufte Christen ein. Von da aus gelangte das Motiv des Fischzugs im Zusammenhang mit der Taufe zur Katakombenmalerei des 2. Jahrhunderts.

Im Mittelalter wurden Karpfen und Hecht noch andere Bedeutungen beigemessen. Im Kopf der jeweiligen Fische sollten sich die Marterwerkzeuge Jesu Christi befinden, und aus den Kopfknochen konnte man angeblich eine taubenähnliche Vogelgestalt zusammensetzen, die an den Heiligen Geist erinnern und vor dem Zauber böser Hexen schützen sollte.

Da die Klöster für alle Fastentage und -wochen eine Unmenge an Fischen brauchten, legten sie seit dem Mittelalter Fischteiche an und gründeten damit die Teichwirtschaft, in der zunächst der aus Asien stammende Karpfen gezüchtet wurde, später unter anderem aber auch Schleien, Forellen, Karauschen (das sind karpfenähnliche Fische), Hechte und Zander. In Böhmen, wo die bekanntesten Teichwirte arbeiteten und sich auch spezielle Karpfengerichte entwickelt haben, heißt die Vorrichtung zum Ablassen des Wassers heute noch »Mönch«.

Karpfen in Biersoße

ZUTATEN:

FÜR VIER PERSONEN

· 1 Karpfen (etwa 1 kg)
· Saft von 1½ Zitronen
· 1 Bund Suppengrün
· 50 g Butter
· 20 g Mehl
· 2 Flaschen Malzbier
· 100 g Lebkuchen
· 1 Lorbeerblatt
· 2 Schalotten
· 1 Zitronenscheibe
· 1 El Rosinen
· 1 El blättrig geschnittene
  Mandeln
· Salz
· Zucker

GARNIERUNG:

Petersilienblättchen

ZUBEREITUNG:

VORKÜCHE: Den vom Fischhändler vorbereiteten Karpfen unter fließendem Wasser gründlich waschen und – falls noch nicht geschehen – schuppen, Flossen und Kopf abtrennen. Den Fisch trockentupfen, in Portionsstücke schneiden und mit dem Saft einer Zitrone beträufeln.

ZUBEREITUNG: Das Suppengrün waschen, klein schneiden und in der erhitzten Butter anschwitzen. Mehl einstreuen, Farbe nehmen lassen und eine Flasche Bier angießen. Den Lebkuchen in dem restlichen Bier einweichen. Das Lorbeerblatt, die geputzten, klein geschnittenen Schalotten sowie die Zitronenscheibe zugeben. Den eingeweichten Lebkuchen zugeben und alles bei mäßiger Hitze etwa 20 Minuten garen lassen. Die Karpfenstücke in die Soße geben und den Fisch je nach Größe weitere 25 Minuten gar ziehen lassen. Kurz vor Ende der Garzeit die Rosinen und die Mandeln zugeben und alles mit dem Saft einer halben Zitrone sowie mit Salz und Zucker abschmecken.

SERVIEREN: Die Fischstücke auf einer vorgewärmten Platte anrichten, die Soße darüber verteilen und mit Petersilienblättchen bestreuen.

MERKZETTEL: Ältere Karpfen sollten vor dem Verzehr längere Zeit in klarem Wasser gehalten werden. Sie verlieren so ihren moosigen Geschmack.

KLAUS TEUBER: NACH EINEM ALTEN BÖHMISCHEN REZEPT

Eine andere Zubereitung des Karpfens empfiehlt Madame Kröger in den »Buddenbrooks« von Thomas Mann:

»Madame Kröger führte ihnen das Wort, indem sie in der appetitlichsten Art die beste Manier auseinandersetzte, Karpfen in Rotwein zu kochen ... ›Wenn sie in ordentliche Stücken zerschnitten sind, Liebe, dann mit Zwiebeln und Nelken und Zwieback in die Kasserolle, und dann kriegen Sie sie mit etwas Zucker und einem Löffel Butter zu Feuer ... Aber nicht waschen, Liebste, alles Blut mitnehmen, um Gottes willen‹ ...«

THOMAS MANN, BUDDENBROOKS

Heiligabend-Fisch
nach Lea Linster

Seeteufel à l'amoricaine

ZUTATEN:

FÜR VIER PERSONEN

· 4 Seeteufel-Filets
  (à ca. 100 g)
· 2 EL Olivenöl
· 2 EL Butter
· Salz
· Pfeffer

SOSSE:

· 50 g Möhren
· 50 g Stangensellerie
· 1 Schalotte
· 160 g Tomaten
· 2 EL Olivenöl
· ¼ TL Tomatenmark
· 3 EL Cognac
· 1 EL Madeira
· 2 Knoblauchzehen
· ½ l Crevettenfond
· 1—2 Bund Estragon
· Meersalz
· Pfeffer
· 4 Safranfäden
· 10 g Butter
· etwas Piment d'Espelette
· etwas glatte Petersilie

CREVETTENFOND:

· 1 kg Nordseekrabben
  in der Schale, alternativ
  Grönlandkrabben
· 250 g Knollensellerie
· 5–6 Stängel glatte
  Petersilie
· 1 Porreestange

ZUBEREITUNG:

● | Vom Fischhändler lasse ich sämtliche Häute abschneiden und abziehen, dann ist der Seeteufel großartig: Sein Fleisch ist schön fest und knallweiß. Den Fisch schneide ich in vier Zentimeter dicke Scheiben, wickle sie in Frischhaltefolie und stelle sie erst einmal kühl. ● | Für die Soße braucht man ein bisschen Kochglück: Zunächst putze ich Möhren, Stangensellerie und die Schalotte und schneide alles in feine Würfelchen. Ich nehme zwei reife Tomaten, enthäute und entkerne sie. Das Fruchtfleisch schneide ich auch in kleine Würfel. ● | Das Öl in einer tiefen Pfanne erhitzen und die Schalotte andünsten, dann Möhren- und Selleriewürfelchen und das Tomatenmark. Nun gieße ich den Cognac über das Gemüse und flambiere ihn. Ich gebe den Madeira dazu und lasse ihn ausbrennen. Dann erst das Tomatenfleisch hinein und den geputzten, platt gedrückten Knoblauch. ● | Ich gieße meinen Crevettenfond an, gebe ein Bund Estragon hinein, Salz und Pfeffer aus der Mühle und die Safranfäden. Zehn Minuten köcheln lassen und dann durchs Haarsieb passieren. Ich schmecke nachmals ab, rühre eine kleine Nuss Butter unter, gebe Piment d'Espelette darüber und einen Esslöffel fein geschnittenen Estragon. Die Soße jetzt bei ausgeschaltetem Herd noch zwei bis drei Minuten ziehen lassen. Fertig! ● | Die Seeteufelscheiben tupfe ich trocken und brate sie auf beiden Seiten ziemlich forsch an – halb in Olivenöl, halb in Butter. Attention: Immer erst eine Seite braten und dann erst salzen und pfeffern! Ist der Fisch schön goldbraun, lasse ich ihn noch zwei bis drei Minuten in der heißen Soße durchziehen. Er soll knackig bleiben! ● | Ich richte den Seeteufel auf heißen Tellern an, lasse die Soße ganz kurz aufkochen und dressiere sie über den Fisch. Etwas gehackte platte Petersilie ist nett obendrauf, dazu passt wunderbar Basmati-Reis. ● | Crevettenfond: Ich wasche die Krabben kurz ab und tue sie in einen großen Topf. Ich schäle den Sellerie, schneide ihn in grobe Stücke und gebe ihn zu den Krabben in den Topf. Ebenso die Petersilienstängel. Die Porreestange putze ich, halbiere sie längs und füge sie dazu. Nun gieße ich so viel Wasser in den Topf, dass die Krabben gut bedeckt sind (etwa 1 ½ l). Alles zum Kochen bringen und 20 Min. bei kleiner Hitze ziehen lassen. Ist das geschafft, gieße ich's durchs Sieb. Krabben und Gemüse kommen zurück in den Topf, noch einmal etwa 1 ½ l Wasser obendrauf, wieder aufkochen und 20 Min. bei kleiner Hitze ziehen lassen. So, nun gieße ich alles wieder ab, mische Crevettenfond eins und Crevettenfond zwei und fülle ihn in Flaschen ab – dann hält er etwa drei Tage im Kühlschrank. Oder ich friere ihn portionsweise ein.

Traditioneller Heiligabend

Nach dem von langen Gebeten begleiteten Verzehr der Fastenspeise am Nachmittag oder Abend machte sich die Familie zur Kirche auf, um in der mitternächtlichen Christmette die Geburt Jesu Christi zu feiern. Der Begriff Christmette wird nicht von der »Messe« abgeleitet, sondern ist die eingedeutschte Fassung des lateinischen *Matutin*, des Morgengebets, das von den klösterlichen Stundengebeten bekannt ist. Ursprünglich ging es bei dieser nächtlichen Eucharistiefeier nicht um das vordergründige Idyll vom Jesuskind in der Krippe, sondern um die weihnachtliche Besinnung auf das Ostergeschehen, auf Leiden, Tod und Auferstehung Christi – und damit um die Erlösung der Gläubigen.

Von den Familien blieb in der Regel ein Mitglied, zum Beispiel die Großmutter oder der Großvater, zu Hause, um das Haus zu hüten und das Essen zu richten. Denn nach der Rückkehr von der Messe war die Fastenzeit ja vorüber und man versammelte sich zum ausgiebigen Verzehr der *Mettensuppe,* einer fetten Brühe mit Fleisch und Würsten, für deren Herstellung die extra dafür gemästete Mettensau im November geschlachtet worden war. In die Suppe hineingegeben wurden die in dünne Scheiben geschnittenen *Zelten* (weißes Brot), die zuvor in Butter oder Schmalz knusprig angeröstet worden waren. Dieses Essen dauerte oft bis in die frühen Morgenstunden des ersten Weihnachtstages. Oftmals legte man zugleich auch *Mettenstroh* unter den Tisch; es sollte das Stroh symbolisieren, auf dem Jesus in der Krippe gebettet worden war. In Bayern und Siebenbürgen sollen sich die Bauern in der Heiligen Nacht auf dem Stroh zum Schlafen niedergelegt haben, um es dem Christkind gleich zu tun.

Vom Mettenmahl wurde ein kleines Stück Brot aufgehoben: im Frühjahr wurde es zerkrümelt und mit der ersten Saat in das Feld gestreut, um das Ackerland am Weihnachtssegen in der Hoffnung auf Wachstum und Gedeihen teilhaben zu lassen; ebenso wurde der letzte Schluck Most oder Wein verwahrt, mit dem man im Frühjahr die Wurzeln der Bäume begoss.

»Namentlich für die Feiertage, die patriarchalisch-festlich begangen
wurden, bestehe eine genaue Speisenanordnung. So gab es am Heiligen
Abend, dem Bachltag, erst um zehn Uhr vormittag ein Milchkoch,
Erbsensuppe und Vorrichtspeisen, dazu Milch; die Jause um zwei Uhr
bestand aus Brot, Käse, Bier oder Branntwein, das Abendessen brachte
aufgegangene Nudeln – heute Wuchteln genannt – in Schmalz gebacken,
mit heißem Honig übergossen, dann ein Vorgericht bestehend aus
›Romerbohnen‹, roten Rüben oder Erdäpfelsalat. Nach der heiligen Mette
um Mitternacht genoß man eine Brotsuppe mit geselchten Würsteln,
zum Schlusse an einer ›Honigmeise‹ aufeinandergelegte Schnitten Butter
mit Honig.«

RUDOLF HOLZER 1957

Der Brauch, in der Christnacht eine *Mettensuppe* zu essen, wird in verschiedenen Gemeinden,
vornehmlich im Salzburger Land, auch heute noch eingehalten und gilt in einigen Hotels dort als
Touristenattraktion. Dabei handelt es sich heutzutage um eine Rindfleischbrühe, in die gekochtes
Rindfleisch, Nudeln, Gemüse sowie geräucherte Schweinswürste oder Klößchen aus Kalbsbrat-
wurstbrät gegeben werden.

Weihnachten

Unser heutiges Wort *Weihnachten* leitet sich her von dem mittelhochdeutschen zu den *wyhe nahten*, den geweihten, also heiligen Nächten. Auf den Termin der Wintersonnenwende (25. Dezember) wurde das Fest der Geburt Jesu Christi im vierten Jahrhundert in Rom unter Kaiser Konstantin festgelegt, und zwar in der zeitlichen Anbindung an die Freudenfeste zur Ehre des Gottes Saturn (17. bis 24. Dezember) sowie an das Sonnenwendfest (25. Dezember).

Dadurch wurde der Bevölkerung der Übergang von den heidnischen »Sonnenfesten« zur Feier dessen erleichtert, den die Christenheit als das »Licht der Welt« bekennt (Johannes 8,12). Manche orthodoxen Kirchen – wie die russische Kirche – halten bis heute am alten Julianischen Kalender fest, dort fällt dann der 25. Dezember auf den 7. Januar unseres Gregorianischen Kalenders.

Am Vormittag des Christtages finden große Festgottesdienste statt. Im Mittelpunkt der häuslichen Feier steht seit alters her das weihnachtliche Festessen. Man tafelte – nach den Fastenwochen – das Beste auf, was man sich leisten konnte, was natürlich schichtenspezifisch sehr unterschiedlich aussah.

Wer eine Mettensau geschlachtet hatte, verfügte über große Fleischmengen. Vermutlich ergaben sich von daher aus rein praktischen Gründen *Schweinebraten* und später auch *Schinken* als Festspeise.

Eine andere Erklärung für den Verzehr von Schweinebraten zu Weihnachten knüpft an vorchristlichen germanischen Sagen an. Da die Menschen sich vor dem Gott Odin fürchteten, opferten sie ihm von jeder ihrer Mahlzeiten einen Teil: meistens ein Stück vom Wild- oder Hausschwein. Und wenn Odin in den zwölf Raunächten, der Zeit zwischen unserem Heiligen Abend und dem Epiphaniastag, vorüberbrauste, wurde ihm sogar ein ganzer Eber gebraten.

»Weihnachten ist das Fest des neuen Anfangs. Wir sind festgelegt durch die Vergangenheit. Wenn Gott ist uns geboren wird, dann ist ein neuer Anfang möglich. Und Weihnachten ist das Fest, in dem wir mit dem inneren Raum der Stille in Berührung kommen. In diesem Raum des Schweigens will Gott geboren werden und uns in Berührung bringen mit unserem wahren Selbst, mit dem usprünglichen und unverfälschten Bild Gottes von uns.«

ANSELM GRÜN

Weihnachtsmenü
nach Lea Linster

Champignon-Cremesuppe

ZUTATEN:

FÜR VIER PERSONEN
· 500 g weiße
  Champignons
· 1–2 Zwiebeln
· 1 Knoblauchzehe
· 20 g Butter
· 1–2 TL Mehl
· 1l Gemüsefond
· 100 g Crème fraîche
· Salz
· etwas Sherry

ZUM SERVIEREN:
· 75 g Sahne
· 1 EL getrocknete
  Steinpilze
· ½ TL schwarze
  Pfefferkörner
· Fleur de Sel

ZUBEREITUNG:

● | Von meinen Champignons schneide ich die Stiele kurz und putze die Pilze, sehr verschmutzte kann man auch kurz abspülen. Ich viertele die Champignons, putze die Zwiebeln und schneide sie – wie immer mit Liebe – in feine Würfelchen. Die kleine Knoblauchzehe wird enthäutet und entkeimt und zusammen mit den Zwiebelwürfeln in der Butter glasig gedünstet. Ich füge die Champignons dazu und stäube das Mehl darüber. ● | Nun gieße ich den Gemüsefond an, setze den Deckel drauf und koche alles etwa 30 Minuten bei kleiner Hitze. Die Crème fraîche hinein und die Suppe im Mixer (oder mit dem Stabmixer) möglichst glatt pürieren. Ich schmecke mit Salz und einem Schuss Sherry ab. ● | Die Sahne schlage ich halb steif und aromatisiere sie mit dem Sherry. Die getrockneten Steinpilze und den Pfeffer zerkleinere ich im Mörser (oder Blitzhacker). Die Suppe fülle ich in vorgewärmte Teller. Jeweils ein Sahnehäubchen drauf und mit der Pfeffer-Pilz-Mischung und etwas Fleur de Sel bestreuen.

Lea Linsters Ferkelbraten

ZUTATEN:

FÜR VIER PERSONEN

· 1 Carré vom Ferkelrücken
  (ca. 1200 g)
· Salz
· Pfeffer
· 2–3 EL geklärte Butter
  (Butterschmalz)

KOHLGEMÜSE:

· 1 Spitzkohl (ca. 800 g)
· Salz
· 1 Möhre
· 60 ml Hühnerfond
· 1 EL Butter
· 1–2 EL gehackte Petersilie

SPECKPÜREE
MIT BUTTER-CROÛTONS:

· 500 g Kartoffeln
· 200 ml Milch
· 50 g Butter
· 50 g durchwachsener Speck
· 2 Scheiben Weißbrot
· 1 EL Butter

SOSSE:

· 1 Zwiebel
· 1 Möhre
· 1 Selleriestange
· 1 Porreestange
· 1–2 EL Butter
· 50 g durchwachsener Speck
· ½ l Hühnerfond
· ½ Bund glatte Petersilie
· ½ Bund Thymian
· 1 Zweig Rosmarin
· 20 g Butter

ZUBEREITUNG:

● | Vom Metzger die Schwarte ganz ebenmäßig runterschneiden lassen. Sie wird blanchiert, in kaltem Wasser abgeschreckt und anschließend im Fond weich gegart, das dauert etwa 30 Minuten. Ich hole sie heraus und lege sie zum Abkühlen flach zwischen zwei Backbleche oder beschwere sie mit einem schweren Deckel. Wenn sie abgekühlt ist, salze ich die Schwarte und zuckere sie leicht. Zwischen den Blechen brate ich sie 30 Minuten im Ofen schön kross bei 180 Grad (Umluft 160 Grad, Gas Stufe 4). Ich schneide sie noch heiß in Streifen. ● | Das Filetstück mit Rippchen wird gesalzen, gepfeffert und in einer großen Pfanne rundherum in heißer geklärter Butter gut angebraten. Danach brate ich es im Ofen auf dem Rost etwa 50 Minuten bei 120 Grad. ● | Dann putze ich den Spitzkohl und koche die Blätter zwei Minuten im sprudelnden Salzwasser. Ich fische sie mit der Schöpfkelle heraus und tauche sie ins Eiswasser – so bleiben sie schön grün. Gut abtropfen lassen und in Streifen von etwa einem Zentimeter Breite schneiden. Ich schäle die Möhre und schneide sie in ganz feine Würfelchen, die ich kurz in Salzwasser blanchiere. In einem Topf erhitze ich den Hühnerfond (oder Wasser) und rühre die kalte Butter hinein. Leicht salzen. Die Kohlstreifen dann erhitzen, die Karotten-Brunoise zugeben und etwas grob gehackte glatte Petersilie – köstlich. ● | Nun zum Speckpüree: Ich koche die Kartoffeln weich, erhitze die Milch und drücke die gepellten Kartoffeln durch die Presse direkt hinein. Gut verrühren und leicht salzen. Die Butter schlage ich in Nüsschen unters Püree und passiere alles – ganz nobel – durchs Haarsieb. Das Püree im Topf unter Folie heiß halten. Dann den Speck in Würfelchen schneiden. Die Speck-Brunoise lasse ich in der Pfanne kross aus. Außerdem brauche ich noch zwei Esslöffel feine Butter-Croûtons: Ich nehme Weißbrot ohne Rinde, schneide es in feine Würfel und brate sie in Butter kross. Speck und Croûtons beiseite stellen. ● | Für die Soße putze ich das Gemüse, würfele es und brate es in Butter mit etwas fein gewürfeltem Speck (oder Schinken) gut an, denn ich möchte unbedingt einen kleinen Rauchgeschmack haben. Ich lösche alles mit Fond ab und gebe die Petersilienstängel, etwas Thymian und einen Hauch Rosmarin hinein. Alles muss nun langsam auf etwa die Hälfte einkochen – bis eine schöne, kräftige Soße entstanden ist. Die montiere ich noch mit der kalten Butter, passiere sie durchs Haarsieb – und fertig ist das feinste Ferkel der Welt! Ach ja, die vorbereitete Schwarte muss man noch kurz erwärmen …

Lea Linsters karamellisierte Feigen in Marsala

ZUTATEN:

FÜR VIER PERSONEN

- 8 Feigen
- 10 g Butter
- 2 EL Zucker
- 100 ml Marsala
- 1–2 EL Balsamico
- 2 EL Zitronen-
  oder Orangensaft

DEKORATION:

- 2 EL Mandelblättchen
- 1 EL Zucker
- 1 EL neutrales Öl
- 100 g Sahne
- 2 EL saure Sahne
- 1 TL Ahornsirup

ZUBEREITUNG:

● | Schön reif müssen sie sein, dunkel, saftig, mit rotem Fleisch. Ich schneide die Feigen am Strunk gerade und halbiere sie dann. Ich erhitze die Butter in einer mittleren Pfanne und streue einen ungehäuften Esslöffel Zucker gleichmäßig hinein. Auf große Hitze stellen und die Feigen mit der Schnittseite nach unten in die Pfanne reihen. Ich streue nochmals Zucker darüber und lasse die Feigen so von beiden Seiten karamellisieren. ● | Ich lösche die Feigen in der Pfanne mit Marsala ab. Anschließend gebe ich noch einen guten Schuss feinsten milden Balsamico-Essig dazu. Voilà! Ich nehme die karamellisierten Feigen vorsichtig aus der Pfanne und lege sie auf eine Platte. Den Jus lasse ich noch eine Minute reduzieren. Ich schmecke ihn mit Zitronen- oder Orangensaft ab, träufele ihn über meine Feigen und lasse sie bei Zimmertemperatur abkühlen. ● | Inzwischen mache ich die Dekoration: Ich röste dafür die Mandelblättchen mit einem Esslöffel Zucker in einer Pfanne schön goldbraun und lasse sie karamellisieren. Dann gebe ich sie zum Abkühlen sofort auf ein mit Öl bestrichenes Stück Alufolie. Anschließend zerbröckle ich sie grob, so dass sie streufähig werden. ● | Außerdem bereite ich eine feine Sahne dazu: Ich gebe die kalte Sahne in eine Metallschüssel, die ich auf Eis kühl halte, und schlage sie halb steif. Dann hebe ich vorsichtig die dicke saure Sahne darunter, schlage die Sahne noch mal auf und stelle sie kalt. ● | Ich serviere mein Dessert am liebsten auf Glastellern, das ist am dekorativsten. Pro Person gibt's vier halbe Feigen, zwei sollten mit der Schnittseite noch oben liegen: Sie nehmen die Soße so wunderbar auf, dass es ein wahrer Genuss ist. Also, die Sahne dazugeben, und darauf träufele ich etwas Ahornsirup und streue die karamellisierten Mandelblättchen als Knusperkontrast darüber. Die Feigen schmecken lauwarm oder kalt, die Sahne muss natürlich immer kalt sein. Bon appétit!

Weihnachtsschinken und Weihnachtsgans

Schinken in Burgunder

ZUTATEN:

· Ein Rollschinken,
  etwa 5 Pfd. wiegend

ZUM KOCHEN:

· 6 l Wasser

ZUM DÄMPFEN:

· 1 l Burgunder
· 1 Zwiebel
· 1 Stückchen Sellerie
· 1 Gelbrübe
· 1 Petersiliensträußchen

ZUM BEIGUSS:

· 50 g Fett
· 90 g Mehl
· ¼ l Tomatenmark
· 2 ¼ l Schinkenbrühe
· 1 Teel. Salz

ZUBEREITUNG:

Der Schinken wird mit kaltem Wasser beigestellt, zum Kochen gebracht und vorsichtig 1 Std. gekocht, und zwar soll das Wasser stets nur kleine Bläschen ziehen. Sodann wird der Schinken herausgenommen, die Schwarte vorsichtig abgezogen und der Schinken mit Burgunder oder einem sonstigen starken Rotwein, Zwiebel, geputzten Selleriestückchen, Petersiliensträußchen in eine nicht zu große gußeiserne Bratpfanne gelegt. Diese stellt man in den heißen Backofen und bratet den Schinken unter öfterem Begießen 1 Std. (Ist der Schinken größer, muß dementsprechend längere Koch- und Bratezeit gerechnet werden.) 10 Min. vor dem Auftragen wird der Schinken glasiert, und zwar geschieht dies in gut heißem Ofen durch fortwährendes Begießen mit dem eingedämpften Bratensaft. Der Schinken, der nun ein braunglasiges Aussehen haben soll, wird herausgenommen, heißgestellt und dem Bratensaft der fertig gekochte, braune Beiguß zugegeben. Nach dem Aufkochen treibt man ihn durch ein Sieb, zerlegt den Schinken so, daß man oben eine Verzierung mit Spieß und Zitronenkörbchen anbringen kann. Als Gemüsebeigabe eignet sich Rosenkohl und dgl. Der braune Beiguß wird aus Fett und Mehl hergestellt, mit Tomatenmark und Schinkenbrühe angefüllt und soll vor der Zugabe zum Bratensaft mindestens 3–4 Stunden kochen.

KOCHBUCH DER HAUSHALTUNGS- UND KOCHSCHULE DES BADISCHEN FRAUENVEREINS, 1918

Aus welchem Grund die *Gans* den Schweinebraten als Weihnachtsessen abgelöst hat, ist ungewiss. Möglicherweise steht dahinter der katholische Brauch, an St. Martin, dem letzten Tag vor Beginn der Fastenzeit, eine Gans zu verzehren (vgl. Martinstag) und zu Weihnachten das Fasten mit eben diesem gleichen Gericht wieder zu brechen.

Einer weltlichen Legende nach hatte die englische Königin Elisabeth I. im Jahr 1588 zu Weihnachten gerade eine Gans gegessen, als ihr die frohe Nachricht von dem Sieg über die spanische Armada überbracht worden war. Zur Erinnerung daran soll sie die Gans zum »Weihnachtsbraten« erklärt haben.

Unabhängig davon galt die Gans schon seit alters her als Opfer- und Speisetier, wie es von Ägypten, dem antiken Griechenland und den Römern her belegt ist. Die Gans war ein fettreiches Nahrungsmittel und bot darüber hinaus mit ihren Federn Stopfmaterial für Decken und Kissen.

In dem Kochbuch *daz von guter spîse*, der in Würzburg um 1350 niedergeschriebenen ältesten Sammlung von Rezepten in deutscher Sprache, findet sich ein Rezept für die Zubereitung eines festlichen Gänsebratens.

Gänsebraten 1350

Diz ist ein guot fuelle.

Stoz ein gans an einen spiz und suet das gekroese, nim vier eyer gesoten herte vnd nim dor zvo eine brosmen schoenes brot vnd kuemel dar zvo vnd ein wenig pfeffers und saffrans, vnd nim dri gesoten huones lebern. Mals zvo sammene mit ezzige vnd mit huener sode, zvo massen sur, vnd schele zwiboln vnd snide sie duenne vnd tuo sie denne in einen hafen, tuo dor zvo smaltz oder wazzer vnd lat sie sieden, daz sie weich werden. vnd nim denne sur epfele, snit die kern her vz. Als die zwiboln gar sin gesoten, wirf die epfele dar zvo, daz ez weich belibe, vnd tuo denne daz gemalne vnd die epfele vnd die zwiboln alle in ein phannen, vnd als die gans gebraten ist, so zvo lide sie, lege sie in ein schoen vaz vnd guez daz condimente dar veber vnd gib sie hin.

Übersetzung:

Dies ist ein gutes Essen

Steck eine Gans an einen Spieß und koch das Gekröse. Nimm vier hartgekochte Eier und gib Krummen von schönem Weißbrot und Kümmel dazu und ein wenig Pfeffer und Safran, und nimm drei gekochte Hühnerlebern. Verrühre sie mit Essig und Hühnerbrühe, aber nicht zu sauer, und schäle Zwiebeln und schneide sie dünn und tu sie dann in einen Topf, tu dazu Schmalz oder Wasser und lass sie sieden, damit sie weich werden. Und nimm saure Äpfel, schneide die Kerne heraus. Wenn die Zwiebeln gar sind, gib die Äpfel dazu, dass sie weich werden, und gib das Gemisch und die Äpfel und die Zwiebeln in eine Pfanne, und wenn die Gans gebraten ist, so lege sie in ein schönes Gefäß und gieße die Sauce darüber und serviere sie.

Traditionelle Beilagen zum Gänsebraten sind bis heute Rotkraut und Knödel. Der Komiker Heinz Erhardt (1909–1979) hat die Vorfreude auf den Gänsebraten in unserer Zeit in humoristische Verse gefasst:

Die Weihnachtsgans

Tiefgefroren in der Truhe
liegt die Gans aus Dänemark.
Vorläufig läßt man in Ruhe
sie in ihrem weißen Sarg.
Ohne Bein, Kopf und Gekröse
ruht sie neben dem Spinat.
Ob sie wohl ein wenig böse
ist, dass man sie schlachten tat?
Oder ist es doch zu kalt ihr?
Man sieht's an der Gänsehaut …
Nun, sie wird bestimmt nicht alt hier:
morgen wird sie aufgetaut.
Hm, welch Duft zieht aus dem Herde
durch die ganze Wohnung dann!
Macht, dass gut der Braten werde,
morgen kommt der Weihnachtsmann!

HEINZ ERHARDT

Der Weihnachts-Truthahn

In England und den Vereinigten Staaten hat sich inzwischen der *Truthahn* als traditionelles Weihnachtsessen eingebürgert. Von einem »Puter« an Weihnachten berichtet auch Thomas Mann für das bürgerliche Weihnachtsmenü der »Buddenbrooks«:

»Um neun Uhr ging man zu Tische. Wie alljährlich an diesem Abend war in der Säulenhalle gedeckt worden. Die Konsulin sprach mit herzlichem Ausdruck das hergebrachte Tischgebet: ›Komm, Herr Jesus, sei unser Gast und segne, was du uns bescheret hast‹, woran sie, wie an diesem Abend üblich, eine kleine mahnende Ansprache schloß, die hauptsächlich aufforderte, aller derer zu gedenken, die es an diesem heiligen Abend nicht so gut hätten, wie die Familie Buddenbrook … Und als dies erledigt war, setzte man sich mit gutem Gewissen zu einer nachhaltigen Mahlzeit nieder, die alsbald mit Karpfen in aufgelöster Butter und mit altem Rheinwein ihren Anfang nahm.

Der Senator schob ein paar Schuppen des Fisches in sein Portemonnaie, damit während des ganzen Jahres das Geld nicht darin ausgehe; Christian aber bemerkte trübe, das helfe ja doch nichts, und Konsul Kröger entschlug sich solcher Vorsichtsmaßregeln, da er ja keine Kursschwankungen mehr zu befürchten habe und mit seinen anderthalb Schillingen längst im Hafen sei. […]

Der Puter, gefüllt mit einem Brei von Maronen, Rosinen und Äpfeln fand das allgemeine Lob. Vergleiche mit denen früherer Jahre wurden angestellt, und es ergab sich, daß dieser seit langer Zeit der größte war. Es gab gebratene Kartoffeln, zweierlei Gemüse und zweierlei Kompott dazu, und die kreisenden Schüsseln enthielten Portionen, als ob es sich bei jeder einzelnen nicht um eine Beigabe und Zutat, sondern um das Hauptgericht handelte, an dem sich alle sättigen sollten. Es wurde alter Rotwein von der Firma Möllendorpf getrunken. Der kleine Johann saß zwischen seinen Eltern und verstaute mit Mühe ein weißes Stück Brustfleisch nebst Farce in seinem Magen. Er konnte nicht mehr so viel essen wie Tante Thilda, sondern fühlte sich müde und nicht

sehr wohl; er war nur stolz darauf, daß er mit den Erwachsenen tafeln durfte, daß auch auf seiner kunstvoll gefalteten Serviette eins von diesen köstlichen, mit Mohn bestreuten Milchbrötchen gelegen hatte, daß auch vor ihm drei Weingläser standen, während er sonst aus dem kleinen goldenen Becher, dem Patengeschenk Onkel Krögers, zu trinken pflegte … Aber als dann, während Onkel Justus einen ölgelben, griechischen Wein in die kleinsten Gläser zu schenken begann, die Eisbaisers erschienen – rote, weiße und braune – wurde auch sein Appetit wieder rege. Er verzehrte, obgleich es ihm fast unerträglich weh an den Zähnen tat, ein rotes, dann die Hälfte eines weißen, mußte schließlich doch auch von den braunen, mit Schokoladeneis gefüllten, ein Stück probieren, knusperte Waffeln dazu, nippte an dem süßen Wein und hörte auf Onkel Christian, der ins Reden gekommen war […].

Bevor man zu Butter und Käse überging, ergriff die Konsulin noch einmal das Wort zu einer kleinen Ansprache an die Ihrigen. Wenn auch nicht alles, sagte sie, im Laufe der Jahre sich so gestaltet habe, wie man es kurzsichtig und unweise erwünscht habe, so bleibe doch immer noch übergenug des sichtbarlichen Segens übrig, um die Herzen mit Dank zu erfüllen. Gerade der Wechsel von Glück und strenger Heimsuchung zeige, daß Gott seine Hand niemals von der Familie gezogen, sondern daß er ihre Geschicke nach tiefen und weisen Absichten gelenkt habe und lenke, die ungeduldig zu ergründen man sich nicht erkühnen dürfe. Und nun wolle man, mit hoffendem Herzen, einträchtig anstoßen auf das Wohl der Familie, auf ihre Zukunft, jene Zukunft, die da sein werde, wenn die Alten und Älteren unter den Anwesenden längst in kühler Erde ruhen würden … auf die Kinder, denen das heutige Fest ja recht eigentlich gehöre …«

Gefüllte Pute

- Pute von 3–4 kg
- 100 g Öl oder Bratfett
- Kräutersalz

FÜR DIE FÜLLE:

- 50 g Öl oder Margarine
- 2 Zwiebeln
- 1 altbackenes Brötchen, gerieben
- 750 g gepellte, gekochte und durch den Wolf gedrehte Maronen
- 750 g geschälte und entkernte Äpfel, grob gehackt
- 200 g kernlose Rosinen oder Korinthen
- Currypulver
- getrocknete Kräuter
- Salz
- Pfeffer
- 1 Glas Sherry oder Zitronensaft

ZUBEREITUNG:

● | Den Vogel vorbereiten: Falls der Kropf nicht gefüllt wird, die Halsöffnung schließen, indem man die Haut auf den Rücken zieht und dort mit einem Holzstift befestigt oder mit Zwirn festnäht. Die Flügel nach oben biegen und auf dem Rücken verschränkt mit Holzstäbchen oder Dressierklammern befestigen. Die Keulenenden zusammenbinden oder durch einen Schlitz in der Schwanzhaut ziehen, so daß sie fest am Körper liegen. Die gesäuberte Körperhöhle des Vogels gut trockentupfen und leicht salzen. ● | Die Fülle vorbereiten: Die fein gewiegten Zwiebeln mit den Semmelbröseln in heißem Fett anrösten, mit dem Maronenpüree, dem Apfelhack und den gewaschenen und gequollenen Rosinen vermengen, nach Belieben mit Currypulver oder getrockneten Kräutern würzen, mit Sherry oder Zitronensaft befeuchten und in die Pute füllen. Ein Truthahn braucht je Kilogramm etwa zwei Tassen Fülle. Übrige Fülle kann man neben dem Tier garen – in diesem Fall in der letzten Dreiviertelstunde Bratzeit. Den Truthahn nicht zu fest füllen, sonst platzt die Pelle. Die Bauchöffnung sorgfältig mit Holzstäbchen oder Zwirnsfaden schließen. Der gefüllte Vogel wird nun mit Öl oder flüssigem Fett bepinselt, mit der Brust nach oben in den Bräter gelegt und in den auf 170 Grad C. vorgeheizten Ofen, unterste Schiene, geschoben. Während des Bratens gelegentlich mit seinem Bratfett begießen und die Brust mit Aluminiumfolie bedecken, falls sie zu dunkel zu werden droht. ● | Die Bratzeit: Eine ungefüllte Pute von 3 bis 4 kg braucht 2 ½ bis 3 ½ , eine Pute von 4–6 kg braucht 3 ½ bis 4 Stunden bei einer Ofentemperatur von 165 Grad C. bis 170 Grad C. Der Füllung wegen sollte das Tier eine gute halbe Stunde länger im Ofen bleiben. ● | Ein großes Tier wird schon tranchiert aufgetragen. Man löst die rechte und die linke Brusthälfte ab und schneidet sie in Scheiben. Zum Nachservieren nimmt man noch einen oder beide Schenkel dazu, die ebenfalls gut in Scheiben geschnitten werden können. ● | Der gefüllte Truthahn braucht außer etwas Weißbrot und Gemüse keine Beilage. Der ungefüllt gebratene Truthahn wird mit Reis in jeglicher Form oder Kartoffelpüree oder warmem Kartoffelsalat serviert. Der Bratfond läßt sich mit Rotwein oder Sahne zu einer Sauce kochen.

SYBIL GRÄFIN SCHÖNFELDT

Der Christstollen

Zu den traditionsreichsten Gebäcken der Weihnachtszeit gehört der Christstollen, der zu den Gebildbroten zählt: Volkstümlichen Deutungen nach symbolisiert der mit Zucker bepuderte Laib das in Windeln gewickelte Christuskind. Urkundlich erwähnt wurde er das erste Mal 1329 in Naumburg an der Saale. Einem alten Schriftstück nach hatten sich die Naumburger Bäcker dazu bereit gefunden, ihrem Bischof Heinrich und seinem Gefolge zu Weihnachten »zween lange Weizenstollen, wozu ein halber Scheffel Weizenmehl verwandt werde«, zu überbringen.

Der sächsische Landesfürst ließ sich von dieser Sitte dazu inspirieren, auch für sich und seinen Hof zwei Weihnachtsstollen von je 1,50 Meter Länge und etwa 36 Kilo Gewicht einzufordern, die von acht Meistern und acht Gesellen zum Schloss getragen wurden. Diese Tradition nahm erst 1918 mit dem Untergang der Monarchie ihr Ende.

Zunächst zählte der Christstollen, der erstmals im Jahr 1474 auf einer Rechnung des christlichen Bartholomäus-Hospitals an den Dresdner Hof beurkundet und dort als »Christbrod« bezeichnet worden war, zum Fastengebäck. Denn den Vorschriften der Kirche entsprechend bestanden seine Zutaten nur aus Mehl und Hefe, etwas Wasser und Öl. Im Jahr 1450 baten die Kurfürsten Ernst und Albrecht von Sachsen Papst Nikolaus V. in einem Zeremonialschreiben um die Genehmigung, dem Gebäck Butter beifügen zu dürfen. Doch erst nachdem fünf Päpste das Zeitliche gesegnet hatten, erlaubte Papst Innozenz VIII. 1491 in seinem »Butterbrief«, dass für die Zubereitung des Stollens Butter statt Öl verwendet werden könne; er verband diesen Erlass jedoch mit der Zahlung eines Bußgeldes, dem sogenannten »Buttergeld«, das vornehmlich dem Bau und Erhalt bedeutender Kirchen zufloss.

»Die ahnungsvolle, glückliche Stimmung für das Fest hatte in der frühesten Jugend, als ich noch durch die billigen Kleinigkeiten befriedigt werden konnte, Platz in mir gewonnen. Daß Geschenke und Christbäumchen später fehlten, vermißte ich nicht. Meine ganze Glückseligkeit konzentrierte sich in den Stollen, die erst am Heiligen Abend gebacken wurden, vorher hatte ich die im Jahre gesammelten Pflaumenkerne aufzuklopfen, die statt bitterer Mandel benutzt wurden. Über die Behaglichkeit dieser Arbeit ging nichts. Erst spät in der Nacht kehrte die Mutter mit dem Backwerk vom Bäcker nach Hause zurück; die Wohnung wurde mit süßem Duft erfüllt. Ich hatte kein Schlafbedürfnis und wachte mit dem Vater, der das Spätaufbleiben erlaubt hatte. Nachdem die Stollen glücklich angelangt waren, ging ich ruhig zu Bett und erwachte um sechs Uhr früh, wenn das Fest mit den Glocken eingeweiht wurde, in gehobener Stimmung, die der Geburt des Christkindes galt und der Aussicht auf köstliche Stollen zum Kaffee und schulfreie Festtage ...«

ERNST RIETSCHEL (1804–1861)

Traditioneller Christstollen

ZUTATEN:

- 1 Pfd. Mehl
- ⅕ l Milch
- 25 g Hefe
- 2 Eier
- ¼ Pfd Butter
- ¼ Pfd. Sultaninen
- Prise Salz
- 60 g Korinthen
- 45 g Zucker
- 30 g Mandeln
- ½ Zitrone

ZUM BESTREICHEN:
- 20 g Butter

ZUM BESTREUEN:
- 15 g Mandeln
- feinen Zucker

ZUBEREITUNG:

Unter das gesiebte Mehl schneidet man erbsengroß die Butter und stellt beides zusammen einige Stunden an einen warmen Ort. Alsdann gibt man Salz, Zucker, die lauwarme Milch, Eier und die aufgelöste Hefe zu und schlägt den Teig, bis er sich von der Schüssel löst. Hierauf arbeitet man die in Würfel geschnittenen Mandeln, abgeriebene Schale der Zitrone, gewaschene, gebrühte Korinthen und Sultaninen darunter, füllt den Teig in eine gestrichene Kapselform (Inhalt 2 ½ l) und läßt den Teig langsam gehen. Bevor er in den Backofen kommt, wird er mit Butter bestrichen und mit blättrig geschnittenen Mandeln bestreut. Man rechnet 1 Std. Backzeit. Nach dem Backen wird der Stollen mit feinem Zucker bestäubt.

KOCHBUCH DER HAUSHALTUNGS- UND KOCHSCHULE DES BADISCHEN FRAUENVEREINS, 1918

Stephanustag (26. Dezember)

Die zur Weihnachtsbäckerei gehörenden *Pflastersteine* erinnern an die Steinigung des Stephanus (Apostelgeschichte 7, 54–60). Stephanus war einer der ersten sieben Diakone der urchristlichen Gemeinde von Jerusalem (Apostelgeschichte 6, 1–7). Er hatte viele Zeichen und Wunder vollbracht und galt als Mann voller Weisheit und Gnade.

Doch Menschen, die ihm nicht wohlgesinnt waren, hetzten das Volk mit der Lüge auf, er habe Gott gelästert und bestellten zur Absicherung ihrer Aussagen falsche Zeugen. Im Rückblick auf die Geschichte Israels hielt Stephanus den Hohepriestern vor Augen, dass schon ihre Vorfahren die von Gott gesandten Propheten verfolgt und getötet hätten, so wie auch sie selbst den Weisungen des Heiligen Geistes nicht gefolgt wären. Diese Worte führten zur allgemeinen Empörung und zur Steinigung des Stephanus, der angesichts des Todes noch sagen konnte: »Herr vergib ihnen, denn sie wissen nicht, was sie tun.«

Der Gedenktag des heiligen Stephanus ist der 26. Dezember, also der zweite Weihnachtstag. Die Alte Kirche hatte den Gedenktag zu Ehren des Stephanus bewusst unmittelbar hinter das Fest der Geburt Jesu gelegt, um deutlich zu machen, dass die Freude über die Geburt und die Bedrohungen des Lebens im Zusammenhang zu sehen sind.

Stephanus wurde in der Ostkirche bereits im 4. Jahrhundert, in der römischen Kirche seit dem 5. Jahrhundert verehrt.

Die orthodoxen Kirchen gedenken des heiligen Stephanus am 27. Dezember.

Christas Pflastersteine

ZUTATEN:

- 250 g flüssiger Honig
- 100 g Zucker
- 50 g Butter
- 1 EL Wasser
- 1 Ei
- 2 TL gemahlener Zimt
- 100 g Rohmarzipan
- 3 Tropfen Backöl Bittermandel
- das Abgeriebene von einer unbehandelten Zitrone
- 1 Prise Salz
- 400 g Weizenmehl
- 6 TL (gestrichen) Backpulver
- 75 g gehackte Mandeln
- 30 g fein gehacktes Orangeat
- Milch zum Bestreichen
- 100 g Hagelzucker
- gegebenenfalls Puderzucker und Grand Marnier

ZUBEREITUNG:

● | Den Honig, die Butter und das Wasser in einen Topf geben und nach und nach unter ständigem Rühren erwärmen, bis sich der Zucker aufgelöst hat; die Masse abkühlen lassen. Mandeln, Orangeat, Salz, Bittermandelöl und abgeriebene Zitronenschale unter die Masse rühren. ● | Die Marzipanrohmasse mit dem Ei verquirlen und ebenfalls unterrühren. ● | Das Mehl mit dem Backpulver mischen, sieben und nach und nach esslöffelweise unterrühren, bis man den Teig mit den Händen kneten kann. Sollte er noch kleben, etwas Mehl dazugeben. Der Teig soll aber nicht hart werden, sondern locker bleiben. ● | Aus dem Teig mit nassen Händen Kugeln von ca. 1 ½ cm Durchmesser formen. ● | Die Kugeln etwas flachdrücken, die Oberseite mit Milch bestreichen und den Hagelzucker eindrücken. ● | Alternativ dazu kann man die Kugeln auch ohne Milch und Hagelzucker auf das Blech legen und abbacken. Dann werden sie nach dem Erkalten mit einem dicken Zuckerguss aus Puderzucker und Wasser (oder Grand Marnier) überzogen. ● | Im vorgeheizten Backofen bei 180 Grad C. auf mittlerer Schiene etwa 15 Minuten backen.

Silvester

Der 31. Dezember trägt seinen Namen nach dem Todestag von Papst Silvester I., dessen Pontifikat vom 31. Januar.314 bis zum 31. Dezember 335 währte. Die Bedeutung dieses Papstes liegt in seinem Beitrag zur Umwandlung der römischen Gesellschaft zum Christentum, nachdem Kaiser Konstantin der Große, der von 306 bis 337 regierte, den bis dahin unterdrückten und verfolgten christlichen Glauben 313 im Mailänder Edikt als Religion anerkannt und zu allgemeiner Religionsfreiheit aufgerufen hatte.

Als Altjahresabend wird der Silvestertag jedoch erst seit der Festsetzung des 1. Januar als Neujahrstermin begangen. Die Gestaltung des letzten Tages im Jahr ist mit mannigfachem abergläubischem Brauchtum verbunden; das orakelhafte Bleigießen zum Beispiel hat eine Tradition, die bis ins Mittelalter reicht. Daneben hatten sich zahlreiche Bräuche etabliert, bei denen durch Lärmen und Schießen böse Geister vertrieben und gute ins Leben gerufen werden sollten. Heutzutage ist der Glaube an Geister beim Radaumachen wohl weitgehend hinter die Freude getreten, dass ein neues Jahr beginnt, das mit einem Feuerwerk begrüßt wird. Im kulinarischen Bereich hat man Geflügelspeisen in dem Aberglauben vermieden, es könne einem im nächsten Jahr das Glück davonfliegen. Vielerorts hat sich als Festessen am Silvesterabend ein Fischgericht, vor allem der Karpfen durchgesetzt. Eine seiner Schuppen im Portemonnaie sollte dafür sorgen, dass einem im kommenden Jahr das Geld nicht ausging. In manchen Regionen ließ man Reste des Silvesteressens als Symbol dafür auf dem Tisch stehen, dass einem das neuen Jahr Fruchtbarkeit und Überfluss bescheren möge. Im Erzgebirge war es zudem Sitte, Brot und Salz in einem Tuch über Nacht auf den Tisch zu stellen, damit einen im bevorstehenden Jahr keine Hungersnöte heimsuchen würden.

Der Erzählung einer 1893 geborenen Frau aus Heilbronn nach verlief der Altjahresabend folgendermaßen:

»An Silvester brannten die Kerzen des Christbaums zum zweitenmal. Nach dem Ladenschluß um 10 Uhr ging mein Vater fort, um sich mit Geschäftsfreunden zu treffen. Pünktlich um 11 Uhr war er zurück und brachte die große Neujahrsbrezel mit. Die wurde nun gemeinsam herausgewürfelt. Eine Viertelstunde vor zwölf stand unsere Mutter leise auf, und 5 Minuten vor zwölf kam sie mit dem Tablett mit Glühwein; Gebäck stand auf dem Tisch. Wir legten Würfel und Karten beiseite, öffneten das Fenster und horchten auf den Glockenschlag 12 Uhr. Erst umarmten sich die Eltern und wünschten sich ein gutes, gesegnetes neues Jahr, dann kamen wir Kinder, dem Alter nach, erst zum Vater, dann zur Mutter. Still hörten wir dem Glockengeläute zu, das Herz voll Dank gegen Gott für meine Eltern und voll der guten Wünsche und Vorsätze.«

Silvesterfisch

Eingelegte Bratheringe

ZUTATEN:

- 1 kg grüne Heringe
- Salz
- Zitronensaft
- 20 g Mehl
- 80 g Fett
- ¼ l Essig
- ⅛ l Wasser
- 50 g Zwiebelscheiben
- 1 Eßl. Senfkörner
- 6–8 Pfefferkörner

ZUBEREITUNG:

Die ausgenommenen und gewaschenen Heringe werden von den Köpfen befreit und mit Salz und Zitronensaft gewürzt. In Mehl gewendet, werden sie in Fett goldbraun gebraten und in einen Steintopf gelegt. Man kocht den Essig mit Wasser und Gewürzen auf und gibt ihn erkaltet darüber. Sie können nach 3–4 Tagen gegessen werden.

DR. OETKER'S SCHULKOCHBUCH, 1937

Schellfisch-Salat

ZUBEREITUNG:

Der in Salzwasser gekochte Schellfisch wird gänzlich erkalten lassen. Hierauf schneidet man ihn unter Entfernung der Gräten in kleine Stücke, legt diese in eine Salatschüssel. Nun kocht man 2–3 Eier hart. Das Weiße der Eier wird fein gehackt, die Dotter werden in einer Schüssel zerdrückt, mit einem Eßlöffel französischen Senf, Oel, Essig, Wasser, Zucker, Pfeffer, Salz zu einer dicklichen Masse verrührt, mit dem gehackten Eiweiß und ziemlich viel feingeschnittenem Schnittlauch vermengt, über den Fisch gegeben und mit dem Salatlöffel einige Male leicht aufgerührt. Sehr nahrhaft und billig.

KATHARINA MICHELER, VIERZIG-MINUTEN-KÜCHE, 1907

Lea Linsters
Silvestersuppe

Kräftige Zwiebelsuppe

ZUTATEN:

FÜR VIER PERSONEN

· 350 g Zwiebeln
· 3 EL Butter
· 1 EL Mehl
· 1 l Kalbsfond
· 1 Nelke
· 1 Lorbeerblatt
· Salz
· 4 Scheiben Baguette
· 100 g Emmentaler

ZUBEREITUNG:

● | Zuerst schäle ich die Zwiebeln und schneide sie, je nach Größe, in Halb- oder Viertelringe. Schön fein natürlich. Ich erhitze die Butter in einem Suppentopf und röste die Zwiebeln darin an. Sie sollen hellbraun – wie karamellisiert – werden. Das dauert gut zehn Minuten, bis sie richtig sind und fast gar. ● | Ich bestäube die Zwiebeln mit dem Mehl, rühre sie immer wieder um und lasse das Mehl mitrösten. Nach nur einer Minute ist es passiert! Jetzt gieße ich den lauwarmen Kalbsfond dazu, gebe die Nelke und den Lorbeer hinein und würze mit Salz. Alles muss 20 bis 30 Minuten köcheln. Abschmecken und fertig. ● | Vom Baguette schneide ich dann etwa ein bis zwei Zentimeter dicke Scheiben ab und röste sie im Ofen bei 150 Grad kross. Inzwischen reibe ich den Emmentaler fein. So, nun die Suppe in heiße Suppentassen füllen, je eine Scheibe getoastetes Baguette drauflegen und großzügig mit dem Käse bestreuen.

SO GEHT'S:

Ich wähle mir eine Zwiebel aus, die mir gut gefällt, nicht zu dick und schön fest. Ich schäle sie und schneide sie dann mit einem kleinen, scharfen, rostfreien Küchenmesser. Immer schön von Hand und mit Liebe! Wichtig: Sobald sie geschnitten ist, muss sie verwendet werden, denn Zwiebeln oxidieren sehr schnell und verändern sonst ihr Aroma – es wird unangenehm.

Neujahr

Der Neujahrstag ist eher ein weltliches als ein kirchliches Fest. Der erste Tag des neuen Jahres wurde seit 45 v. Chr. schon bei den Römern gefeiert, und zwar mit ausschweifenden Gelagen. Wenngleich die Christen diese heidnischen Sitten ablehnten, blieben sie in der Bevölkerung lebendig. Auf mehreren Konzilien, unter anderem auf dem von Tours 567 und von Toledo 633, erklärte die katholische Kirche den Neujahrstag als Buß- und Sühnetag, um dem ausgelassenen, götzendienerischen Treiben ein Ende zu setzen – allerdings ohne nachhaltige Wirkung.

In Rom hingegen entwickelte sich im 6. Jahrhundert am 1. Januar ein Fest der Marienverehrung, später feierte man den Oktavtag von Weihnachten. Doch auch diese Bemühungen, den Neujahrstag zu christianisieren, nützten nicht viel. Im Gegenteil: Am Ende des ersten Jahrtausends entstand sogar ein Narrenfest mit Maskeraden und Tanzveranstaltungen, bei dem selbst Gottesdienste parodiert wurden. Dieses Brauchtum hat sich später auf die Faschingszeit verschoben. Unter Bezug auf das Lukasevangelium (Lukas 2,21) beging die Kirche seit dem 13. Jahrhundert am 1. Januar das Beschneidungsfest Jesu, zu dem später das Gedenken der Namensgebung Jesu hinzukam. Erst seit dem 16. Jahrhundert setzte sich der 1. Januar als Neujahrstag in Deutschland durch. Die katholische Kirche hat mit der Kalenderreform des letzten Konzils den Oktavtag von Weihnachten wieder zum Marienfest erklärt; zudem hat ihn Papst Paul VI. zum »Weltfriedenstag« ausgerufen, der seit 1968 begangen wird. Wenngleich in den katholischen und evangelischen Kirchen am Neujahrsmorgen Gottesdienste gefeiert werden, hat sich einiges an römischem wie germanischem Brauchtum über lange Zeit, zum Teil bis in unsere Tage, erhalten, um den Übergang vom alten zum neuen Jahr zu feiern. In ländlichen Gegenden wurde und wird zum Teil heute noch vor den Nachbarshäusern das neue Jahr angesungen, um Fleisch, Wurst, Punsch oder eine andere Gabe zu erhalten. Es ist auch immer noch üblich, sich Glücksbringer wie Schweine oder Schornsteinfeger aus Marzipan, oft mit einem Glückspfennig, heute mit einem Cent versehen, zu schenken.

Zu solchen Glücksbringern zählten vielerlei Gebildbrote, die oft schon an Silvester gebacken wurden. Noch in heidnischen Zeiten waren Tier- und Götterbilder aus Teig mit der Hand geformt worden, um den Armen, die sich kein Opfertier leisten konnten, einen Ersatz zu ermöglichen. Mit der Gestaltung von Neujahrskranz und Hefezopf versuchte man sich auf magische Weise gegen böse Geister und wilde Dämonen zu schützen. In vielen Gegenden hat sich der seit Jahrhunderten währende Brauch, am Neujahrstag eine süße Brezel als Liebes- oder Glücksbringer zu verschenken oder zu essen, bis heute erhalten.

Neujahrskuchen (Hippen)

ZUTATEN:

· 1 Pfund feinstes Mehl
· 250 g gestoßener Kandis
· 200 g frische abgeklärte
  Butter
· 1 Ei
· abgeriebene
  Zitronenschale und Zimt
· nach Belieben auch
  1 Eßlöffel ausgesuchter
  Anissamen

ZUBEREITUNG:

● | Der Kandiszucker wird in ⅜ l kochendem Wasser aufgelöst, etwas abgekühlt , mit der geschmolzenen Butter, dem Mehl, Gewürz und Ei eine gute Weile tüchtig gerührt und wo möglich erst am anderen Tage gebacken. Man gibt jedesmal einen Eßlöffel voll, oder so viel, als zum dünnen Bedecken des Eisens notwendig ist, hinein, bestreicht solches anfangs und zuweilen mit einer Speckschwarte, macht das Eisen langsam zu, bäckt die Kuchen auf beiden Seiten in 2–3 Minuten gelb und biegt sie im Eisen zu kleinen Rollen. ● | Anmerkung: Zum Backen gehört ein ruhiges Holzkohlenfeuer. Zum längeren Aufbewahren lege man die Kuchen in eine Blechtrommel oder in einen Korb und stelle ihn zugebunden an einen warmen Ort, feuchte Luft macht sie sofort weich.

HENRIETTE DAVIDIS, ILLUSTRIERTES PRAKTISCHES KOCH-BUCH FÜR DIE BÜRGERLICHE UND FEINE KÜCHE, NEU BEARBEITET VON HELENE FABER, 19. JH.

HINWEIS: Entgegen dem Rezeptvorschlag empfiehlt es sich nicht, den Teig über Nacht stehen zu lassen. Er wird dann sehr zäh und fest. Sollte der Hippenteig auch direkt nach der Zubereitung zum Ausbacken zu fest sein, kann man ihn unter der Zugabe von etwas Milch geschmeidiger machen. Die Hippen werden in einem speziellen Waffeleisen gebacken, sofort – eventuell über den Stiel eines hölzernen Kochlöffels – aufgerollt und schnell in ein schlankes Gefäß von ca. 4 cm Durchmesser gestellt, bis sie leicht abgekühlt sind.

Neujahrs-Brezeln und Hippen

Zur Entstehung der Brezel gibt es unterschiedliche Sagen und Mythen. Eine besagr, dass die Brezel eine Nachbildung der mönchischen Gebetshaltung ist, denn die Mönche kreuzten zum Gebet ihre Arme und legten ihre Hände dann auf die Schultern. Ihr Name ginge von daher auf den lateinischen Begriff *brac(c)hium* zurück, was Arm bedeutet.

Einer altägyptischen Legende nach hatte ein Bäcker durch einen Frevel seine Gunst beim Pharao verwirkt und sollte mit dem Tode bestraft werden, es sei denn, er sähe sich dazu in der Lage, ein Gebäck herzustellen, durch das dreifach die Sonne scheint. Und so hat er die Brezel erfunden und sein Leben gerettet. Diese Sage wurde von Bad Urach, dem Zentrum des schwäbischen Brezellandes, auf die eigene Ortschaft bezogen.

Die Laugenbrezel soll dadurch entstanden sein, als ein Bäcker die Brezeln, anstatt mit Zuckerwasser, versehentlich mit der zum Reinigen der Backbleche bereitgestellten Natronlauge glasiert haben soll.

Vielerorts war es Brauch, mit seinen Backwaren Freunde, Nachbarn und Verwandte zu besuchen, um ihnen ein gutes neues Jahr zu wünschen. Kinder gingen zu den Großeltern und Paten und bekamen ein oft für Neujahr hergestelltes je nach Region spezifisches Gebildbrot – dazu, sofern es die finanziellen Verhältnisse zuließen, ein Geldstück.

Ein besonderes Neujahrsgebäck stellen die Hippen dar, ein dünnes Waffelgebäck, das zuerst im 16. Jahrhundert beschrieben ist und in Klöstern hergestellt wurde. Vielleicht geht daher die Bezeichnung »Hippen« auf das griechische Wort für »Oblaten« *(hopyes)* zurück.

Frau Hulens Neujahrsdiner

Im Bürgertum hat sich im Laufe der Zeit für den Neujahrstag auch die Gestaltung eines Festessens durchgesetzt. Theodor Fontane erzählt in seinem Roman »Vor dem Sturm« (1878) von einem festlichen Neujahrsdiner:

»An demselben Abend war Gesellschaft bei Frau Hulen. Sie konnte damit, wenn sie standesgemäß auftreten und die ganze Flucht ihrer Zimmer öffnen wollte, nicht länger zögern, da Lewin für den nächsten Tag schon seine Rückkehr von Hohen-Vietz angezeigt hatte ... Um sieben Uhr brannten die Lichter in der ganzen Hulenschen Wohnung, die neben einer kleinen, schon im Seitenflügel befindlichen Küche, aus zwei Frontzimmern und zwei dunklen Alkoven bestand. Die Hälfte davon war an Lewin vermietet, der indessen in seiner Abwesenheit und bei den freundschaftlichen Beziehungen, die zwischen ihm und seiner Wirthin obwalteten, nicht das geringste dagegen hatte, seinen Wohnungsanteil in die Festräume hineingezogen zu sehen. Und Festräume waren es heute, ganz abgesehen von den Lichtern und Lichterchen, die bis in den Flur hinaus nicht gespart waren. Die beiden Öfen waren geheizt und auf den Simsen schwelten Räucherkerzen, schwarze und rote, während alle Kunst- und Erinnerungsgegenstände, auf die Frau Hulen die besondere Aufmerksamkeit ihrer Gäste hinzulenken wünschte, noch eine besondere, ihnen angemessene Beleuchtung erfahren hatten ...

Alle Speisen standen schon in der Mitte, als erster Gang eine große Schüssel mit Mohnpilen, daneben links ein Heringssalat und rechts eine Sülze. Alles reich gewürzt; auf dem Mohn eine dichte Lage von gestoßenem Zimt, auf dem Salat kleine Zwiebeln, die mit Pfeffergurken und sauren Kirschen abwechselten. Ein echtes Berliner Essen ...

Bald darauf wurde aufgestanden, und nachdem sich ... alles die Hände gedrückt und eine gesegnete Mahlzeit gewünscht hatte, begab man sich paarweise in Lewins Zimmer, wo nun Punsch und Krausgebackenes herumgereicht wurde.«

Die genannten Mohnpilen stammen ursprünglich unter der Bezeichnung »Mohn-Kließla« aus der traditionellen schlesischen Küche. In dem von Marie Schreiber herausgegebenen »Berliner Kochbuch für bürgerliche Haushaltungen von 1839« finden sich außerdem aus Fontanes Zeit unter anderem Rezepte zur Zubereitung von Heringssalat und Sülze.

Mohn-Kließla (Mohnpilen)

ZUTATEN:

- 3 Brötchen vom Vortag
- 250 g Zucker
- 1 l Milch
- 250 g gemahlener Mohn
- 60 g Rosinen
- 60 g Mandelstifte

ZUBEREITUNG:

Die Brötchen in Scheiben schneiden und in eine Schüssel legen. Mit 50 g Zucker bestreuen und 500 ml Milch darüber gießen. 20 Minuten einweichen lassen. Die restliche Milch mit dem restlichen Zucker aufkochen, Mohn und gewaschene Rosinen zugeben und die Masse 10 Minuten köcheln lassen. Währenddessen ständig rühren, damit nichts am Topfboden ansetzt. Anschließend die eingeweichten Brötchen und die Mohnmasse abwechselnd in eine Schüssel schichten. Die letzte Schicht sollte aus Mohnmasse bestehen. Die Mandelstifte darüber streuen und servieren. Dazu trinkt man Glühwein.

SCHLESISCHES REZEPT

Häringssalat

ZUBEREITUNG:

Die zum Häringssalat bestimmten Häringe müssen recht gut ausgewässert werden, dann befreit man das Fleisch von den Gräten und schneidet es in feine Würfel. Dazu würfelt man auch recht weichen Kalbsbraten und gute geschälte saftreiche Äpfel, und thut Capern, fein geschnittene Bollen [Zwiebeln] und geschärbte Petersilie dazu. Nun überstreuet man Alles mit gestoßenem Pfeffer und mengt es mit Weinessig und Provenceröl [Olivenöl] recht gut unter einander. Es kann auch die Petersilie wegbleiben und dafür gewaschene kleine Rosinen genommen werden.

Sülze von Rindfleisch

ZUBEREITUNG:

Der Masse des Rindfleisches gleich kommend, wird auch Schweinefleisch genommen, und mit einer Kälberpfote auf jedes Pfund, etwas Ingwer, Pfeffer, Nelken, Lorbeerblättern, eingebundenem Hirschhorn und Salz nach dem Abschäumen so weich gekocht, daß sich die Knochen sehr leicht herausnehmen lassen. Dann wird das Fleisch zerschnitten und mit der durchgesiebten Brühe und Citronenscheiben wieder in einer Kasserolle noch etwas durchgekocht, und dann in eine Form geschlagen, welche in Wasser kalt erhalten wurde.

BEIDE REZEPTE AUS: MARIE SCHREIBER, BERLINER KOCHBUCH FÜR BÜRGERLICHE HAUSHALTUNGEN, 1839

Epiphanias –
Heilige Drei Könige

Der Begriff *Epiphanias* oder *Epiphanie* ist altgriechischen Ursprungs und bedeutet Erscheinung. Gemeint ist damit die Erscheinung Gottes in Jesus Christus. Vermutlich hat das junge Christentum hier ein ursprünglich heidnisches Fest übernommen und umgedeutet: denn in der Nacht vom 5. auf den 6. Januar feierte man in Alexandrien die Geburt Äons, des Gottes von Zeit und Ewigkeit. Zu diesem Fest erschien, der Sage nach, der Gott des Weines, Dionysos, um Wasser in Wein zu verwandeln.

In Gallien und Oberitalien wurden am Epiphaniasfest ursprünglich sowohl die Taufe Jesu im Jordan als auch das Weinwunder auf der Hochzeit zu Kana (Johannes 2,1–12) festlich begangen. In der katholischen und evangelischen Kirche wurde das Epiphaniasfest zum Verehrungsfest der drei Magier, die, der biblischen Legende nach (Matthäus 2,1–12) dem Stern folgend, nach Bethlehem gezogen waren, um dem neugeborenen König der Juden zu huldigen.

Im Rückblick auf alttestamentliche Texte (zum Beispiel Numeri 24,17 und Psalm 72,10–15), die sogenannten messianischen Weissagungen, hat man die Magier im 6. Jahrhundert zu Königen umgedeutet. Ihre Namen Caspar, Melchior und Balthasar tragen sie seit dem 19. Jahrhundert. Den Mohrenkönig gibt es seit dem 12. Jahrhundert. Nachdem 1164 Reliquien von ihnen aus Mailand durch Erzbischof Rainald von Dassel nach Köln überführt und in einem Schrein verwahrt worden waren, nahm die Verehrung der drei Könige in erheblichem Maße zu, so dass Köln im Mittelalter zu einem Pilgerzentrum wurde. Die drei Kronen im Kölner Stadtwappen erinnern noch heute daran.

Den Königen ließen sich sowohl die drei biblischen Völkergruppen (Semiten, Chamiten und Japhetiten, die Nachfahren der Söhne Noahs) als auch die drei Lebensalter zuordnen; sie galten darüber hinaus als Vertreter der damals bekannten drei Erdteile: Caspar repräsentiert als Schwarzer Afrika, Melchior den europäischen und Balthasar den asiatischen Kontinent.

Seit dem 15. Jahrhundert erlebte das Dreikönigsfest eine Hochblüte. Im ausgestaltenden Brauchtum entwickelten sich eine Reihe von Dreikönigsspielen. Seit dem 16. Jahrhundert entstanden die Heischebräuche und Dreikönigsumzüge. So zogen vor allem in Süddeutschland und Österreich Kinder, als die drei Könige Kaspar, Melchior und Balthasar verkleidet, am Abend vor Epiphanias von Haus zu Haus, sangen ein »Sternsingerlied« und sammelten Geld, Obst oder Schokolade. Dem entspricht das heutige Dreikönigssingen der katholischen Kirche zwischen Weihnachten und Epiphanias, in dem um eine Spende gebeten wird. Die deutsche »Aktion Dreikönigssingen« ist die weltweit größte Hilfsaktion von Kindern für Kinder.

Damit verbunden ist ein Haussegen: An die Tür oder an den Türbalken wird das Kürzel C + M + B (für *Christus mansionem benedicat*, Christus segne dieses Haus, volkstümlich oft als »Caspar, Melchior, Balthasar« verstanden) und dahinter die Jahreszahl geschrieben.

Der Dreikönigskuchen

In vielen Gegenden wird auch heute noch am Dreikönigstag ein *Bohnenkuchen* gegessen. Dabei handelt es sich um ein süßes Reis- oder Hefegebäck, bei dem sechs Teigteile um ein mittleres Stück angeordnet sind, so dass das Gebäck einer Krone ähnelt. In diesen Kuchen wird eine Bohne oder ersatzweise eine ungeschälte Mandel, eine Münze oder eine kleine Figur aus Porzellan oder heutzutage auch aus Kunststoff eingebacken. In manchen Regionen werden auch eine weiße und eine schwarze Bohne oder eine Bohne und eine Erbse genommen. Wer in seinem Kuchenstück die schwarze Bohne findet, wird für diesen Tag König, die weiße Bohne dient der Ernennung der Königin. König und Königin dürfen dann aus den anderen Teilnehmern einen Hofstaat bestimmen und den ganzen Nachmittag oder Abend ihre Rollen spielen. Finden Kinder die Bohnen, wird der Nachmittag als Kinderfest gestaltet. Dieser Dreikönigskuchen hat eine alte Tradition:

> »An der Heiligen drei Könige Tag bäckt ein jeder Vater einen guten Leckkuchen, danach er vermag und ein Hausgesinde hat, groß und klein, und knetet einen Pfennig hinein. Danach schneidet er den Leckkuchen in viele Stücke und gibt jedem aus seinem Hausgesinde eins. Christus, Maria und die heiligen drei Könige haben auch ihre Stücke da. Wem nun das Stück wird, darin der Pfennig ist, der wird von allen als ein König erkannt und dreimal mit Jubel in die Höhe gehoben. Er nimmt allemal eine Kreide in die Hand und macht ein Kreuz an die Dielen und Balken im Haus und in den Stuben, welche Kreuze gegen viel Unglück und Gespenster helfen sollen. Es ist kein Haus, in dem man nicht in den zwölf Nächten zwischen Weihnacht und dem heiligen Dreikönigstag Weihrauch macht gegen alle Teufelsgespenster und Zauberei.«
>
> SEBASTIAN FRANCK (1499–1542)

Christas Dreikönigskuchen

ZUTATEN:

· 600 g Mehl
· ⅛ l Milch
· 40 g Hefe
· 1 Ei
· 1 Eigelb
· 50 g Zucker
· 1 Prise Salz
· das Abgeriebene von
  1 unbehandelten Zitrone
· Mark von 1 Vanilleschote
· 250 g weiche Butter
· 200 g gewaschene Rosinen
· 100 g gehackte Mandeln

ZUSÄTZLICH:

· 1 EL Mandelsplitter
· 1 EL Hagelzucker
· 1 große weiße und 1 große
  schwarze Trockenbohne

ZUBEREITUNG:

● | Das Mehl in eine Schüssel sieben, in die Mitte eine Mulde drücken. Die Hefe in einen Becher bröseln, die Milch erwärmen, die Hefe darin auflösen und in die Mulde geben. Mit etwas Mehl verrühren. Mit einem Tuch bedeckt ca. 20 Minuten an einem warmen Ort gehen lassen. ● | Die aufgegangene Hefe vorsichtig mit dem Mehl vermengen. Ei, Eigelb, Zucker, Salz, Zitronenschale und Vanillemark miteinander verrühren und zu der Mehl-Hefemischung geben. Die Butter in Flöckchen darüber verteilen und alles mit den Knethaken der Küchenmaschine 15 Minuten lang durchkneten, bis sich der Teig vom Schüsselrand löst. Dann die Rosinen, Mandeln und das Orangeat unterkneten. Den Teig mit einem Tuch bedecken und bei Zimmertemperatur 1 Stunde gehen lassen. ● | Den Teig mit bemehlten Händen gut durchkneten. Sollte er zu weich sein, noch etwas Mehl unterkneten. Den Teig bedeckt noch einmal 1 Stunde bei Zimmertemperatur gehen lassen, anschließend wieder mit den Händen durchkneten. Den Teig in sieben Teile teilen, wovon der eine Teil ein etwas größeres Volumen haben soll als die anderen sechs. Aus den Teigstücken Kugeln formen. Die beiden Bohnen dabei in zwei Teigstücke drücken. ● | Den Ofen auf 170 Grad C vorheizen. Backpapier auf die Fettpfanne des Backofens legen, die größere Kugel in die Mitte der Fettpfanne geben und die anderen Kugeln ringsum andrücken. Den Kuchen vorsichtig mit Milch bepinseln, mit Mandelsplittern und Hagelzucker bestreuen. Den Kuchen noch einmal 15 Minuten gehen lassen und dann ca. 45 Minuten backen. | → *Abbildung S. 90*

Die Karnevalszeit

Fasching selbst, so Papst Benedikt XVI., ehemals Münchner Erzbischof, sei im Grunde genommen kein eigentlich kirchliches Fest, »aber doch nicht ohne den Festkalender der Kirche zu denken«.

Die Faschingszeit wird theologisch auch mit der augustinischen Zweireichelehre, einer Aufteilung der Welt in das »Reich Gottes« und das »Reich des Teufels«, in Verbindung gebracht. Von daher wurden die »tollen Tage« vor der Fastenzeit mit ihren übermäßigen Gelagen seitens der Kirche nicht nur gebilligt, sondern dienten zugleich der Inszenierung der verkehrten Welt mit all ihren Lastern, Sünden und Versuchungen des Fleisches, der die Fastenzeit als Sinnbild wahren christlichen Lebens unter der göttlichen Herrschaft gegenübergestellt wurde.

Die Ursachen dafür, dass der Mensch von Zeit zu Zeit zu Völlerei und Zechgelagen neigt, beschreibt der Augustiner-Barfüßer und kaiserliche Hofprediger Abraham a Sancta Clara (1644–1709) in einer Predigt mit folgenden Worten:

»Vor dem Sünd-Fluß [Sündenfall] haben die Menschen vor ihr tägliche Nahrung nichts anderes genossen / dann Kräuter und Früchten / nachmals aber / weil der Erd-Boden durch den Sündfluß ein merckliches geschwächt worden / und die menschliche Natur in größere Unkräften gerathen / hat GOTT das Fleisch-Essen erlaubt; es ist aber der Teuffel bald in die Kuchel kommen / und bey dem Anrichten sich eingefunden / wovon dann der übermässige Fraß entstanden / aus welchem alles Ubel in der Welt herrühret.«

ABRAHAM A SANCTA CLARA

Christliches Fastnachtsbrauchtum ist in Mitteleuropa seit dem 12./13. Jahrhundert belegt. Seine Wurzeln liegen zum einen darin, verderbliche Lebensmittel vor den Fastenwochen aufzubrauchen – zum anderen schwelgte man noch einmal exzessiv in Speisen mit viel Fleisch, Butter, Schmalz, Eiern und Käse, die ja in der Passionszeit verboten waren (vgl. Fastenzeit). Von daher ergab sich das Problem, wie man rein praktisch mit den Tierprodukten umgehen konnte. Milch ließ sich zu Käse verarbeiten und dadurch haltbar machen. Was aber sollte mit den Eiern geschehen, die als »flüssiges Fleisch« verstanden wurden? Eier konnte man nicht für einen Zeitraum von sechseinhalb Wochen haltbar machen. So wurden einige Eier kunstvoll bemalt und als Schenkeier weitergegeben. Mit einer weiteren Menge haben die Bauern, wie auch mit Käse und Hühnern, den sogenannten »Fastnachtshühnern«, einen Teil der Pacht an ihren jeweiligen Lehnsherrn bezahlt. Um auch die Zahl der Eier für die Fastenzeit zu reduzieren, wurde eine große Zahl der Legehennen geschlachtet und fröhlich verspeist. Ein Teil des Geflügels wurde aber auch konserviert. Ein Text aus dem 16. Jahrhundert erläutert, wie man gebackenes Geflügel die Fastenzeit über bis nach Ostern halten soll:

»Willst du wissen, wie man allerlei Geflügel über die Fasten bis nach Ostern lang halten kann, es können Rebhühner, Haselhühner, Birkhähne, große und kleine Vögel sein, so brate sie ab und salze sie gleich am Spieße oder in der Pfanne. Alsdann nimm Semmel und Pfefferkuchen und gieß einen Wein oder süße Langweil [Bier] in einen Topf und lege dazu den geriebenen Pfefferkuchen. Laß das gut sieden und wenn es gesotten ist, so treibe es durch ein Sieb und gib es wieder in einen reinen Topf. Setze es zum Feuer und tue Zucker und Honig darein, mache ihm einen säuerlichen Geschmack, würze es wohl ab mit Pfeffer und Safran und salze es und schmecke es ab, und wenn es mit der Würze gesotten ist, so setze es vom Feuer und laß es kalt werden. Nimm dann ein warmes Tischbier und wasche damit das Geflügel. Dann nimm ein Fäßlein und lege die Vögel hinein. Dann laß es fest zumachen und bohr in den Boden ein Loch, nimm ein Trichterlein und fülle den kalten Sud hinein, bis es voll ist und schlage dann einen Zapfen darauf, und wenn es sich gesetzt hat, so ziehe in zwei Tagen den Zapfen wieder heraus und fülle es wieder voll und stopfe es fest zu. Wenn es so acht Tage gestanden hat, so zapfe den Sud rein heraus, tue es in einen Topf und setze es zum Feuer, erfrische es mit einem Wein und schäume es rein ab, laß es wieder schön kalt werden und fülle es in das Fäßlein, stopfe das fest zu und stelle es in ein kühles Gemach und drehe es oft um. Wenn du Geflügel brauchst, so nimm aus dem Fäßlein soviel, wie du dessen bedarfst und erfrische es wieder, wie oben steht, mit Wein und allerhand Würze, tue darein kleine und große Rosinen und gibs den Brüdern, kalt oder warm, wie es ihnen beliebt.«

Fastnachtshuhn
nach Lea Linster

Hühnchen in Tomaten und Weißwein geschmort

ZUTATEN:

FÜR VIER PERSONEN
- 1 Hühnchen à ca. 1,8 kg
- ½ l Chardonnay
- 900 g Strauchtomaten
- 6 EL Olivenöl
- 1 Zwiebel
- Salz
- Pfeffer
- 1–2 TL Zucker
- 20 g Butter
- 2–3 Stängel Petersilie
- 1 Stange Sellerie

ZUBEREITUNG:

● | Zunächst nehme ich ein Poulet und teile es in acht Stücke. Dann erhitze ich einen halben Liter Chardonnay in einer Kasserolle, lasse ihn auf die Hälfte reduzieren und stelle ihn beiseite. ● | Ich brauche zehn schöne italienische Strauchtomaten, am liebsten nehme ich die Sorte Roma. Sie werden klassisch geschält, entkernt, und das Fruchtfleisch wird klein gehackt. Drei Esslöffel vom Olivenöl lasse ich in einer tiefen Pfanne heiß werden, gebe meine fein gehackte Zwiebel dazu und gare sie fünf Minuten. Die Tomatenstückchen hinein, salzen, pfeffern, zuckern und so ungefähr zehn Minuten köcheln lassen. Beiseite stellen. ● | Die Hühnchenstücke salzen und pfeffern. Ich erhitze das restliche Olivenöl zusammen mit der Butter in einem Topf mit Deckel. Zuerst brate ich vier Hühnchenteile auf der Hautseite goldbraun an, etwa fünf Minuten, hole sie heraus und brate die anderen Stücke ebenfalls an. Das Fett wird weggegossen. ● | Ich tue meine Tomatensoße in den Topf, dazu den reduzierten Weißwein und ein Bouquet garni. Das mache ich diesmal einfach aus Petersilie und Stangensellerie. Ich lege die angebratenen Fleischstücke auf die Soße und drücke sie leicht hinein. Den Deckel drauf, und mein Hühnchen wird jetzt auf kleinster Flamme etwa eine halbe bis eine Stunde (je nach Größe und Hitze) gar geköchelt. Voilà!

Karneval, Fastnacht, Fasnet, Fasching

Das Faschingstreiben machte – allerdings in vergleichsweise harmloser Form – auch vor den Klostertüren nicht Halt. Eine junge Nonne aus dem Benediktinerinnenkloster St. Mauritius in Köln schrieb über den Donnerstag vor Fastnacht 1729:

> »Wir haben die Fastnacht in aller Lust passiert, und seindt alle Geistliche verkleidet gewesen und uns recht lustig gemacht. In den Tag hinein haben wir getanzt und gesprungen. Des Nachts, als die Äbtissin schlafen ist gewesen, dann haben wir Thee, Kaffe und Chokolade getrunken und mit der Kart gespielt und auf der Dame.«

KÖLNER NONNE 1729

Martin Luther hat die Fastenzeit für den Protestantismus abgeschafft, weil er jede äußere Form, sich durch Werke, also durch besonders hervorgehobene Taten, wie z. B. das Fasten, die Gnade Gottes zu erwirken, abgelehnt hat. Dadurch entfiel für die evangelischen Gebiete und nach und nach in weiten Gegenden Mitteleuropas auch das Brauchtum des Karnevals. Die Faschingszeit ist demzufolge seit der Reformation eine besondere Festzeit des Katholizismus, auch wenn heutzutage in einigen evangelischen Gegenden Karnevalsveranstaltungen ohne historisches Brauchtum stattfinden.

Heutzutage gilt der Karneval, je nach Region auch als Fasching, Fasnet oder Fastnacht bekannt, in deren Hochburgen als fünfte Jahreszeit. Seit dem 19. Jahrhundert beginnt die Karnevalszeit in einigen deutschen Städten und im ganzen Rheinland offiziell am 11.11. um 11.11 Uhr (vgl. Martinstag) und dauert bis zum Aschermittwoch. Weitgehend wird der 11.11. als »Narrenwecken« verstanden, als eine Aufforde-

rung, sich nun mit den Vorbereitungen auf die Karnevalszeit zu befassen. An den Totengedenktagen im November sowie in den besinnlichen Adventswochen und der Weihnachtszeit kann ja schon aus liturgischen Gründen kein närrisches Treiben stattfinden. Von daher beginnen die öffentlichen Karnevalssitzungen auch hier, wie seit eh und je bei der schwäbisch-alemannischen Fastnacht, am 6. Januar. Die Hauptzeit des närrischen Treibens erstreckt sich auf die sechs Tage vor dem Aschermittwoch mit den regional unterschiedlichen Bezeichnungen wie »schmutziger« oder auch »unsinniger«, »gumpiger« Donnerstag, auch »Weiberfastnacht« genannt; »rußiger«, »bromiger« oder auch »beramiger« Freitag«; »schmalziger« Samstag; »Fastnachtssonntag« bzw. »Küchlesonntag« oder »Mittfasten«; früher »guter«, auch »blauer« Montag, heute weitgehend als »Rosenmontag« bezeichnet und schließlich der »Fastnachtdienstag«, der auch »Narrenfastnacht«, »Herrenfastnacht« oder »Laienfastnacht« heißt.

Der seit dem 18. Jahrhundert bezeugte Begriff *Karneval* leitet sich vermutlich von dem italienischen Begriff *carnevale* (»Fleischwegnahme«, bezogen auf die folgende Fastenzeit) her; möglicherweise geht er volksetymologisch auch auf den lateinischen Ausruf *carne vale* (»Fleisch, lebe wohl!«) zurück. Eine andere Worterklärung beruht auf dem *carrus navalis*, dem Schiffskarren, der bei festlichen Umzügen zum Frühlingsanfang mitgeführt wurde.

Das Wort *Fastnacht* geht zurück auf den seit dem 12. Jahrhundert gängigen Ausdruck *vastnaht* (von »vast« für »fasten« und »naht« im Sinn von Vorabend), meint also den Abend vor Aschermittwoch. Die oberdeutsche und mittelrheinische Fas[e]nacht hat ihren Ursprung in dem später bezeugten mittelhochdeutschen Begriff *vas[e]naht*. Ob man dabei an ein Fass gedacht hat oder ob *fasa* etwas mit faseln, also dummes Zeug reden, zu tun hat, ist ungewiss. Einige Forscher stellen einen Bezug zu der indogermanischen Verbalwurzel *pwos* her, die so viel wie »reinigen, läutern, fasten« bedeutet. Wieder andere sehen eine Verbindung zu den mittelhochdeutschen Wörtern *vasen* (sich fortpflanzen) oder *vaselen* (gedeihen, fruchten). Ihrer Meinung nach gehen die heutigen Fastnachtfeiern auf alte ländliche Frühlingsfeste und Fruchtbarkeitskulte zurück.

Das Begriff *Fasching* leitet sich etymologisch von *vastschanc*, in verkürzter Form *vaschang*, also vom Fastenschank her, dem letzten Ausschank alkoholischer Getränke vor dem mitternächtlichen Anbruch des Aschermittwoch.

Der rheinländische Karneval

Die Wurzeln des Kölner Karnevals reichen zurück bis in die Zeit der römischen Kolonisation der Rheinprovinzen, als die Bevölkerung die kultischen Feste der Römer mitfeierte. Die scharfe Kritik der Kirche vom 6. bis zum 10. Jahrhundert an dem heidnischen Mummenschanz hatte zur Folge, dass die Fastnacht nach und nach christlich umgedeutet wurde: als ausgelassene Zeit des Feierns, Essens und Trinkens vor Beginn der Fastenzeit.

Im Zuge der Aufklärung galt das derbe närrische Treiben als primitiv und antiquiert und wurde – auch infolge offizieller Verbote – vielerorts aufgegeben. Im 19. Jahrhundert erwachte der Karneval durch die Poesie der Romantik und unter dem Einfluss des venezianischen Karnevals zu neuem Leben: neben dem Straßenkarneval etablierten sich jetzt auch Masken- und Kostümbälle, die sogenannten »Redouten«, die zunächst jedoch dem Adel sowie dem wohlhabenden Bürgertum vorbehalten waren. Daraus ergab sich, dass nun nicht mehr die Zünfte, sondern das Bildungsbürgertum den Karneval organisierte. So wurde im Jahr 1823 in Köln das »Festordnende Komitee« gegründet; danach entstand in kurzer Zeit eine Karnevalsgesellschaft nach der anderen. In der neuen Gestaltung der Fastnacht blühte vereinzelt altes Brauchtum wieder auf.

Während der seither vergangenen 185 Jahre entwickelte sich der rheinische Karneval zu den uns heute vertrauten Formen: mit der Wahl des Karnevalsprinzen, den Sitzungen mit Büttenrednern und Liedersängern sowie dem großen Rosenmontagsumzug durch die Stadt. Dass dabei jede Menge Kölsch fließt, versteht sich von selbst. Gegessen wird – wie immer – derbe Kost. Spezifische Fastnachtsspeisen haben sich nicht entwickelt. Typisch sind allerdings fettausgebackene Kuchen wie die *Mutzenmandeln* und *Krabbele*.

Neben dem ebenfalls legendären Rosenmontagsumzug ist für Mainz – wie auch für Düsseldorf – der politisch-literarische Sitzungskarneval charakteristisch, in dem Politik, Kirche und besondere gesellschaftliche Ereignisse des vergangenen Jahres in spöttischen Texten und Liedern »aufs Korn« genommen werden.

O wär im Februar doch auch,
Wie's ander Orten ist der Brauch
Bei uns die Narrheit zünftig!
Denn wer, so lang das Jahr sich mißt,
Nicht einmal herzlich närrisch ist,
Wie wäre der zu andrer Frist
Wohl jemals ganz vernünftig.

THEODOR STORM

Rheinische Mutzemändelchen

ZUTATEN:

- 125 g zu Sahne geriebene Butter
- 125 g Zucker
- 2–4 Eier
- 1 Pfd. Mehl
- 100 g kalte Milch
- 1 Messerspitze Hirschhornsalz mit etwas Zucker verrieben oder ⅓ Paket Backpulver
- Zitronenschale nach Geschmack

ZUBEREITUNG:

Butter, Eier, Zucker und Zitronenschale werden schaumig gerührt. Dazu nach und nach Milch und Mehl, zuletzt das Hirschhornsalz. Der kleinfingerdick ausgerollte Teig wird mit den Förmchen ausgestochen. In Ermangelung dieser mit dem Teel. zu mandelförmigen Klößen abgestochen und sofort in Fett gebacken. Mit dem Schaumlöffel herausgenommen, müssen sie auf Sieb abtropfen. Sie werden meist nicht mit Zucker bestreut.

DAVIDIS-SCHULZE, DAS NEUE KOCHBUCH FÜR DIE DEUTSCHE KÜCHE, 1937

Krabbele

ZUTATEN:

FÜR 4 PERSONEN
- 3 Eigelbe
- 120 g Zucker
- 2 Prisen Salz
- 1 Päckchen Backpulver
- 500 g Mehl
- 1 Spritzer Rosenwasser (in der Apotheke erhältlich)
- 250 ml lauwarme Milch
- 3 Eiweiße
- 150 g Rosinen
- 1 kg Schweineschmalz

GARNIERUNG:
Puderzucker

ZUBEREITUNG:

VORKÜCHE: Die Eigelbe mit Zucker und der Prise Salz vermischen. Das Backpulver unter das gesiebte Mehl mischen und in eine Schüssel füllen. Eigelbmasse, Rosenwasser und lauwarme Milch zufügen und mit dem Handrührgerät gut vermischen. Die Eiweiße mit einer Prise Salz sehr steif schlagen und mit den Rosinen unter den Teig mischen.

ZUBEREITUNG: Das Schweineschmalz in einer Friteuse auf 180 Grad C erhitzen. Vom Teig Klöße im Durchmesser von etwa 3 cm formen und 3–4 Minuten im heißen Fett ausbacken.

SERVIEREN: Die Krabbele auf einem mit Küchenpapier ausgelegten Teller abtropfen lassen. Mit Puderzucker bestreuen und handwarm servieren.

MERKZETTEL: Krabbele sind ein Gebäck, das gerne zur karnevalistischen Kaffeetafel gereicht wird.

ZUBEREITUNGSZEIT: 20 Minuten

BACKZEIT: 10 Minuten

→ *Abbildung S. 94*

LORENZ WIEHLPÜTZ, ALTE RHEINISCHE KÜCHE

Die schwäbisch-alemannische Fasnet

Seit etwa dem 13. Jahrhundert wurden an den letzten vier Tagen vor Beginn der Fastenzeit zunächst nur umfangreiche Gelage abgehalten; das Brauchtum von Musik und Tanz, Turnieren und Wettkämpfen vornehmlich der Handwerksgesellen entwickelte sich erst im 14. und 15. Jahrhundert. Im Laufe der Jahre kamen Spottvorführungen und Fasnetsspiele hinzu. Waren die Teufelsmasken in dieser Zeit noch aus Ton modelliert, so verbergen die Teilnehmerinnen und Teilnehmer der schwäbisch-alemannischen Fasnet ihre Gesichter seit dem 17. Jahrhundert hinter Masken, auch Larven oder Schemmen genannt, die in der Regel aus Holz geschnitzt und bemalt sind. Zugleich verkleiden sie ihre Körper. Diese Kostüme heißen auch Häs. Sie werden in jedem Jahr wieder auf den typischen Umzügen, bei Tänzen und Fastnachtsspielen getragen und in einigen Gegenden sogar von Generation zu Generation weiter vererbt. Im 19. Jahrhundert verbreiteten sich auch im südwestdeutschen Raum die neuen Formen des vom Bildungsbürgertum getragenen rheinischen Karnevals. Da sich die Menschen in den ländlich-bäuerlichen Gegenden des schwä-

bisch-alemannischen Raums davon bevormundet fühlten, knüpften sie Anfang des 20. Jahrhunderts wieder an ihre eigenen alten Traditionen an und gründeten neue Narrenzünfte, die sich gegenwärtig wachsender Beliebtheit erfreuen. Neben den alten Teufels- und Narrengestalten und Wilden Leuten machte die Hexenzunft die Fastnachtshexe mit ihrer typischen Holzmaske zur charakteristischen Figur der schwäbisch-alemannischen Fasnet. Viele Bäckereien verkaufen in der Fastnachtszeit Gebildbrote in der Form von Hexenmasken.

Am Schmutzigen Donnerstag, dem Schmotzigen Dunschtig, werden traditionell *Fasnetsküchle,* auch *Fastnachtskrapfen* oder *Berliner* genannt, in viel Fett gebacken. Damit erklärt sich auch die merkwürdige Bezeichnung des Tages, denn *schmutz* oder *schmotz* leitet sich nicht von schmutzig her, sondern bedeutet fett. Solche Schmalzküchlein gibt es in vielen Gegenden auch am Schmalzsamstag. Von der Bedeutung dieser Fasnetsküchle zeugt ein ein alter Kinderspruch: »Luschtig ist die Fasenacht, / wenn mei Mueder Küechli bacht. / Wenn sie aber kaini bacht, / isch kai luschtig Fasenacht.«

Ein Handschrift aus der Bibliothek des ehemaligen Dominikanerklosters von Rottweil enthält eine kuriose Predigt aus dem späten 14. Jahrhundert, die den Gläubigen mittels eines Rezepts für »Vasnacht Krapfen« die Grundsätze gottgefälligen Lebens ausmalt. So heißt es unter anderem:

»Der Mensch, der einen edlen Fastnachtskrapfen haben und auch essen will, der soll diese andächtige Lehre in seinem Herzen nicht vergessen. Denn zu einem jeglichen Fastnachtskrapfen gehören acht Dinge. Zum ersten Semmelmehl. Eier. Wasser. Viel Gewürze. Salz. Öl. Feuer und eine Pfanne, in der der Krapfen gebacken wird. Was bedeuten diese acht Dinge. Das Semmelmehl bedeutet ein reines, lauteres Leben mit einem starken guten Gewissen. Die Eier bedeuten ein andächtiges Gebet und ein löbliches Opfer dem allmächtigen Gott zu Lob und Ehre. Die erwärme und vermische sie untereinander mit dem Wasser einer wahren vollkommenen Reue deiner Sünde. Danach salze den Teig mit Bescheidenheit und mit einem geistlichen, reumütigen Leben. Aus dem Teig, das heißt aus dem Herzen, mach einen Krapfen, der Gott wohlgefällig ist und sei und fülle dann den Krapfen mit dem Gewürz eines andächtigen Betrachtens des harten Sterbens und Leidens unseres Herrn Jesu Christi. Darin findest du Sicherheit und das Verlangen nach dem, was dein Herz begehrt. Danach wirf den Krapfen in das Öl all seiner grundlosen Barmherzigkeit und lass ihn backen in der heißen Pfanne deines andächtigen Herzens und inbrünstiger göttlicher Liebe und lass ihn auch wohl braun werden in dem warmen Feuer seines roten Blutes in andächtiger brennender Liebe.«

»Welher mensch ain edeln vasnacht krapffen wol vnd auch essen der sol disser andechtigen ler in sinem hertzen nitt vergessen. Wen zu aim ietlichen fasnacht krapffen gehorent acht dinck. Zu dem ersten semelin mel. aijer. wasser. gewürtzte full. salz. ol. feur vnd ain pfan der jn der krapf gebachen werd. Waß betuttend disse acht dinck. Daz semel mel bedut ain rein lutter leben mit ainem starcken guoten gewissen. Die ayer bedutend ain andechtig gebet vnd ain loblich opfer dem almechtigen got zu lob vnd ze ere. Die temperier vnd vermisch vnder ain ander mit wasser ainer waren vollkomen reu diner sunde. Dar nach salcz den taig mit bescheidenheit vnd mit ainem geistlichen rewmutigen leben. Vß dem taig daz ist vß dem hertzen vnd mach dar uß ain krapffen der gott woll gefellichen ist vnd sij vnd full den den krapffen mit dem gewirtz ains andechtigen betrachten desz herten sterben und lidens vnseres hern Jhesu Christi dar jn findest tu sicherhait vnd wollust nach begird dines hertzen. Darnach wirff den krapfen jn das oll siner grundlosen barmhertzekeit vnd laß jn bachen in der wol hitzigen pfannen dineß andechtigen herzen vnd jnprinstigerer göttlicher lieby vnd lauß jn auch wol praun werden jn dem warmen feur sines rosenfarben blut in andechtiger prinender lieb.«

FASNACHTSPREDIGT, 14. JH.

Schwäbische Fasnachtsküchla

ZUTATEN:

- Mehl
- Butter
- Eier
- Hefe
- Milch
- Schmalz
- Zucker
- Zimt

ZUBEREITUNG:

Aus ½ Pfund Mehl, 125 g Butter, 4 Eiern, 30–40 g Hefe und Milch wird ein Teig nach Art der Hefeteige gemacht. Wenn er in der Schüssel gegangen ist, so sticht man Stücke aus der Masse, drückt sie ½ cm dick, schneidet verschobene Vierecke davon, läßt sie auf dem mit Mehl bestreuten Backbrett gut gehen und backt sie, im Schmalze schwimmend, unter öfterem Umdrehen schön gelb; dann legt man sie einen Augenblick auf Brotschnitten zum Ablaufen und bestreut sie mit Zucker und Zimt. Bei allem Schmalzgebackenem muß die Platte erwärmt sein, auf die es zu liegen kommt. Da die Fasnachtsküchlein sehr aufgehen im heißen Schmalz, darf man nicht zu viele auf einmal einlegen.

FRIEDERIKE LUISE LÖFFLER, NEUES STUTTGARTER KOCH-BUCH 1922

Und immer wieder ging es – in den unterschiedlichsten Regionen – »um die Wurst«, die dem Fleischkonsum der weniger betuchten Bevölkerung genügen musste. Mancherorts wurde den Metzgergesellen seitens der Obrigkeit erlaubt, eine Riesenwurst herzustellen, die aufgrund ihres Gewichts von mehreren Männern transportiert werden musste. In Königsberg wog im Jahr 1601 solch ein Monstrum 900 Pfund, war 1005 Ellen lang und musste von 103 Fleischhackerknechten getragen werden.

Aus dem Camberger Raum ist folgendes Kinderlied überliefert:

Hoh, hoh, hoh, die Fassenacht ist do,
mer hun gehiert, ihr het geschlocht,
het so e lange Werscht gemacht,
gebt uns von der longe,
die kurze lost er hange.

Die Basler Fasnacht

Nur in Basel hat sich – trotz offizieller Aufhebung im Jahr 1529 – als einzige traditionelle evangelische Fastnacht die Burefasnacht (Bauernfastnacht) vom 14. Jahrhundert bis zum heutigen Tag gehalten, und zwar zu dem alten Fastnachtstermin vom Montag nach Aschermittwoch bis zum darauf folgenden Donnerstag. Vermutlich geht dieser Termin auf eine Änderung der Fastenzeit zurück. Ursprünglich zählten nämlich auch die Sonntage zur Passionszeit, so dass das vierzigtägige Fasten von daher erst am Montag nach unserem heutigen Aschermittwoch begann. Seit dem Konzil von Benevent 1091 nahm man die Sonntage als Herrentage (vgl. Sonntag) vom Fasten aus; damit die Dauer der vierzig Fastentage gewahrt blieb, rückte der Beginn der Fastenzeit um 6 Tage vor und führte zu der heutigen Terminierung.

Die Basler Fasnacht beginnt morgens um 4.00 Uhr mit dem *Morgenstraich*; dieser Begriff meint die »Tagwache« zur Musterung und geht auf eine militärische Musterung am Montag nach der Fastnacht im Jahr 1540 zurück. Nach Zeiten der Ausschweifung vor der Fastenzeit wurde die Basler Fastnacht im 18. Jahrhundert durch das Bürgertum überwiegend von militärischen Umzügen geprägt. Seit Ende des 19. Jahrhunderts organisierte die Mittelschicht die Feiern; daraus gingen die Fasnachtsclubs, die sogenannten *Cliquen* hervor, die bis heute die Vorbereitung und Durchführung der Fastnacht organisieren.

Die ca. 1800 aktiven Fasnachtler vermummen Gesicht und Körper hinter hölzernen Larven (Masken), die zumeist Tiergesichter darstellen; zugleich verhüllen sie den ganzen Körper unter einem Kostüm. Bei ihrem Tanz durch die Innenstadt musizieren die einzelnen Cliquen mit Piccoloföten, Pfeifen, Trommeln und Blechblasinstrumenten.

Typische Speisen für die Basler Fastnacht sind *Fasnachtskiechli* oder *Fasnachtsschüechli* (Fastnachtsküchlein), eine besondere Art von Fettgebackenem, unterschiedlich aromatisierte Mehlsuppen sowie Zwiebel- oder Käsewähen, flache Blechkuchen aus Mürbe-, Hefe- oder Blätterteig mit einem Belag aus Zwiebelringen sowie evtl. auch Speck und/oder einem Guss aus geriebenem Käse, Eiern und Sauerrahm. Dazu gibt es heiße Schokolade.

Basler Mehlsuppe

EINKAUFSLISTE/ZUTATEN:

- 50 g Butter
- 50 g Mehl
- 1 Zwiebel
- 500 ml Fleischbrühe
- Salz
- Weisser Pfeffer aus
  der Mühle
- Muskatnuss
- Majoran

GARNIERUNG:

- 4 El geriebener Käse

ZUBEREITUNG:

VORKÜCHE: Die Butter erhitzen und das Mehl darin bräunen. Dabei mit einem Holzlöffel ständig rühren, damit das Mehl keine Klümpchen bildet und nicht anbrennt.

ZUBEREITUNG: Die Zwiebel schälen, sehr fein hacken, zufügen und mit anschwitzen. 1 l Wasser mit der Fleischbrühe in die Pfanne gießen und etwa 45 Minuten sanft köcheln lassen. Mit Salz, Pfeffer, Muskatnuss und Majoran abschmecken.

SERVIEREN: Die Suppe auf Teller portionieren und mit je einem Löffel Käse bestreuen.

MERKZETTEL: Die Basler Mehlsuppe ist ein Gericht, das traditionell zur Fastnachtszeit serviert wird.

ZUBEREITUNGSZEIT: 10 Minuten

KOCHZEIT: 55 Minuten

KLAUS TEUBER, ALTE SCHWEIZER KÜCHE

Der bayrische Fasching

Im Jahr 1295 wurde die Münchner »Fasnacht« das erste Mal urkundlich erwähnt; die »Maschkera«, das Tragen von Masken ist seit Ende des 15. Jahrhunderts schriftlich bezeugt. Die ursprüngliche Fastnachtszeit umfasste lediglich die vier Nächte vor Aschermittwoch, in denen man es genoss, vor Beginn des Fastens noch einmal ausgiebig zu essen und zu trinken und sich durch Fasenachtsspiele unterhalten zu lassen. Innerhalb der Stände blieb man bei diesen Feiern unter sich. Der weitverbreitete Brauch, gelegentlich einen »Fastnachtsochsen« umherzuführen, beruht darauf, dass die Metzger Mitte des 16. Jahrhunderts dafür belohnt wurden, »so sy den Ochsen einschlugen«; ein geschlachteter Ochse versprach nämlich den ersehnten Genuss von Fleisch, den zu erfüllen sich auch eine besondere Sitte eingebürgert hatte:

»Am Unsinnigen Pfinsta [Schmutziger Donnerstag] war das ›Fleischstehlen‹ erlaubt. Fleisch gab es bei den meisten Bauern nur an Sonn- und Feiertagen. Fleisch war in einer Weise begehrt, wie wir es uns, die wir an seinen täglichen Genuß gewöhnt sind, nicht mehr vorzustellen vermögen. ›A Unsinniga hat mir mei Fleisch gstohln!‹ lamentierte an dem Donnerstag manche Bäuerin.«

FRANZISKA HAGER / HANS HEYN, DRUDENHAX UND ALLELUJAWASSER

Unter dem feinsinnigen König Ludwig I. (1786–1868) erlebte der Münchner Fasching seine Blütezeit. Er lud Künstler aller couleur, Maler, Regisseure und Architekten zu seinen Festen ein. Von daher sind die süddeutschen Faschingsfeiern außer durch kabarettistische Veranstaltungen bis heute von Theateraufführungen, künstlerischen Darbietungen und den berühmten Maskenbällen geprägt.

In Bayern hat sich Anfang des 19. Jahrhunderts wohl auch aus dem Grund, sich von der schwäbisch-alemannischen *Fasnet* abzugrenzen, der Begriff *Fasching* vollständig durchgesetzt. In ländlich-bäuerlichen Gegenden wurde der Faschingsdienstag auch Schnitzdienstag genannt, weil als Hauptmahlzeit an diesem Tag gedörrte Birnenschnitzen und Speck auf den Tisch kamen.

Zum kulinarischen bayrischen Fasching gehört unbedingt die original Münchner Weißwurst, denn sie ist, wie man sagt, eine Geburt – oder soll man besser sagen: eine Notgeburt – vom Wirtsmetzger Sepp Moser am Morgen des Rosenmontags 1857. In der Gaststätte »Zum Ewigen Licht« waren die Münchner Ratsherren und Honoratioren geladen. Doch bei der Vorbereitung der Bratwürste gingen ihm die dünnen Därme aus. In seiner Not füllte er das bereits zubereitete Brät in dickere Därme ab – und brühte die Würste in heißem Wasser, in dem er sie auch servieren ließ. Keiner der Gäste beklagte sich, im Gegenteil: alle waren des Lobes voll – und damit war die Weißwurst geboren. Diesen Vorgang fasst ein Gedicht in folgende Worte:

Josef Moser – so erfahren
wir es heut' in Stadt und Land –
war es, der vor hundert Jahren
eine neue Wurst erfand,
eine, die sowohl dem Prasser
wie dem Armen trefflich schmeckt
und die trotz dem vielen Wasser,
das sie füllt, voll Würze steckt.
Oh, was war das für ein großer
Mann, der dies Gebilde erdacht!
Alles Lob dem Josef Moser,
der uns diese Wurst gemacht!
Längst umwölkt von Wohlgerüchen,
wirkt sie mit an Münchens Glanz,
und in hundert Metzgerküchen
windet sie sich selbst zum Kranz,
der, ein vielgeschätzter, loser
kalbsgenährter Schmuck, sich hebt
und das Haupt des Josef Moser
wie ein Glorienschein umschwebt.

Historisches
Weißwurst-Rezept

Die Wurst wird besonders fein, weiß und fest, wenn etwas gekochtes Kalbfleisch aus der Keule mit verhackt wird. 3 Pfd. entschwartete Schweinebrust (Rippe), 3 Pfd. Kalbfleisch oder weißes Schweinefleisch – die dunkleren Stücke geben der Wurst kein gutes Ansehen – werden nach dem Erkalten des Kochfleisches sehr fein gehackt. Etwas von dem Kragenfett, in dem die Zwiebeln kochten, wird durchs Sieb dazugegeben. Gewürz: Salz, weißer Pfeffer, wenig Muskat und Thymian. Die rundgebundenen, dünnen Würste kommen als erste in den Wurstkessel, dessen Wasser kaum sichtbar kocht. Kochdauer wenige Minuten. Dann in kaltes Wasser, danach bis zum anderen Tag zwischen nasse Tücher zu legen, damit sie weiß bleiben.

DAVIDIS-SCHULZE, DAS NEUE KOCHBUCH FÜR DIE DEUTSCHE KÜCHE, 1937

Aschermittwoch – Die Fastenzeit

Vom Aschermittwoch bis zum Ostersamstag wird in besonderer Weise der Passion, des Leidenswegs Jesu Christi gedacht. Die Bezeichnung »Aschermittwoch« geht auf den seit dem 11. Jahrhundert nachgewiesenen kirchlichen Brauch zurück, den bußfertigen Gläubigen zu Beginn dieses Tages ein Aschenkreuz auf Stirn oder Scheitel zu zeichnen.

Die Asche wird aus den geweihten Palmblättern vom Palmsonntag des vergangenen Jahres gewonnen. Während der Fastenzeit hatten die Büßer die Gelegenheit, sich mit Fasten, Beten und guten Werken auf ihre Wiederaufnahme in die kirchliche Gemeinschaft am Gründonnerstag vorzubereiten.

Asche ist ein Symbol der Nichtigkeit und Vergänglichkeit des Menschen: Vom Staub ist der Mensch genommen und zu Staub wird er wieder werden (vgl. Psalm 90,3). Daher wird Asche zum Zeichen der Buße und der Reue. Das zeigt sich schon in der Hebräischen Bibel: Der Büßer sitzt in »Staub und Asche«, er streut sich Asche auf sein Haupt (2 Samuel 13,19) und kleidet sich in Sack und Asche (Ester 4,1; Jesaja 58,5; Matthäus 11,21; Lukas 10,13).

Aschermittwoch war strenger Fastentag, an dem man die Kommunion nüchtern empfangen musste. Nach der Messe gab es oft nur trockenes Brot, mittags *eine einfache Suppe, ein Pilz-, Bohnen- oder Kartoffelgericht*. Wer es ganz streng mit dem Fasten nahm, verzichtete bis zum Abend auf Speisen.

Der Brauch des Aschenkreuzes hat sich in der katholischen Kirche bis in die Gegenwart gehalten. Die traditionelle Fastenspeise am Aschermittwoch besteht heutzutage in einem Fischgericht, das sich allerdings mancherorts zu einem lukullischen Mahl entwickelt hat.

»So sei die Zeit mit Fröhlichkeit vertan!
Und ganz erwünscht kommt Aschermittwoch an.
Indessen feiern wir, auf jeden Fall,
Nur lustiger das wilde Karneval.«

JOHANN WOLFGANG VON GOETHE, FAUST

Bouneschlupp
nach Lea Linster

Bouneschlupp

»Der deftige Bohneneintopf ist eine Spezialität aus meiner Heimat«

ZUTATEN:

FÜR SECHS PERSONEN
· 1 kg grüne Bohnen
  (evtl. TK)
· 150 g Knollensellerie
· 3 Kartoffeln
· 2 Zwiebeln
· 1 Porreestange
· 1 TL Salz
· 2 EL Mehl
· 50 g Butter
· Pfeffer
· 4 EL gehackte Petersilie
· 150 g saure Sahne

ZUBEREITUNG:

● | Ich putze die Bohnen, wasche sie und schneide sie in Stücke von einem Zentimeter Länge. Wenn Sie tiefgekühlte Bohnen verwenden: auftauen lassen und ebenfalls in Stücke schneiden. ● | Der Sellerie und die Kartoffeln werden geschält und sehr fein gewürfelt. Die Zwiebeln abziehen und fein hacken. Den Porree waschen und nur das Weiße und das Hellgrüne fein schneiden, Das Gemüse gebe ich zunächst ohne die Kartoffelwürfel in einen Topf mit zwei Liter Wasser und dem Salz. Ich koche es etwa 15 Minuten und tue jetzt erst die Kartoffeln hinein, sonst zerfallen sie. ● | Nach zehn Minuten gieße ich das Gemüse durch ein Sieb ab und fange das Kochwasser auf. Ich dünste das Mehl in der Butter an und rühre nach und nach das Gemüsewasser unter, bis eine sämige Soße entstanden ist. Diese passiere ich durchs Haarsieb wieder zum Gemüse. Ich lasse alles noch einmal etwa fünf bis zehn Minuten kochen, schmecke mit Pfeffer und Salz ab, streue die Petersilie darüber und geben einen Klacks saure Sahne auf jede Portion.

Ich mag dazu auch Schlagsahne mit etwas Essig verrührt anstatt saurer Sahne.

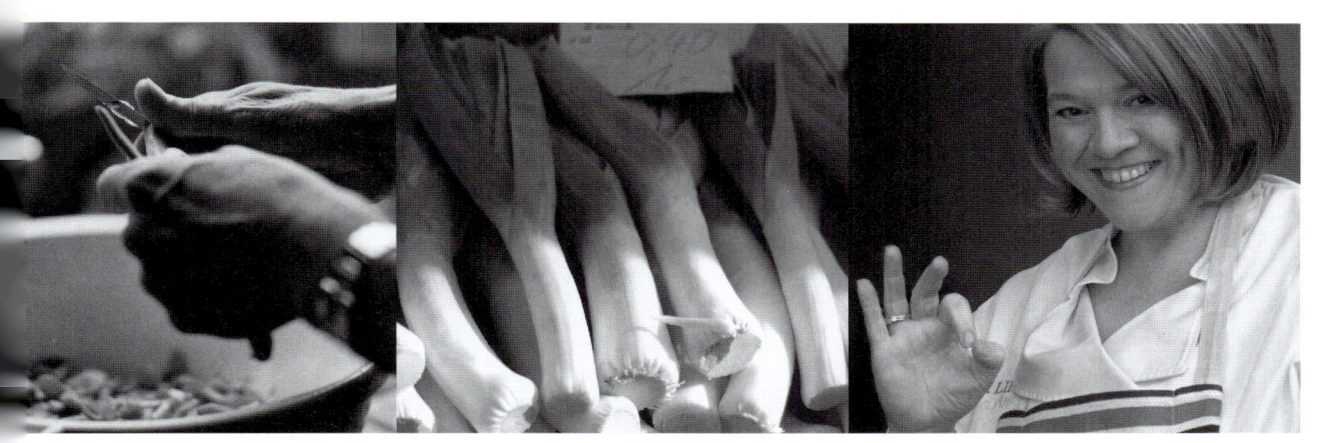

In der katholischen Kirche begeht man die Passionszeit unter Ausnahme der Sonntage als Fastenzeit, so dass das reine Fasten vierzig Tage (Quadragesima) dauert. Diese Zeit ist mit Bezug auf Jesu Fasten in der Wüste nach seiner Taufe (Markus 1,12) festgelegt worden, wo er den Versuchungen des Satans widerstehen musste. Die Zahl Vierzig ist aber auch von anderen biblischen Texten her als Zeit der Buße, der Erprobung, des Fastens und Betens, jedoch auch als Strafe zu verstehen: Die Sintflut dauerte vierzig Tage und vierzig Nächte, vierzig Jahre wanderte das Volk Israel durch die Wüste, vierzig Tage und Nächte harrte Mose auf dem Berg Sinai aus, bis er die Gebote empfing (Exodus 24,18); vierzig Tage währte Elijas Wüstenwanderung zum Berg Horeb (1 Könige 19,8), vierzig Tage Schonfrist waren der Stadt Ninive von Gott durch Jona bis zu ihrem Untergang angekündigt worden, wenn sie sich nicht bekehrte (Jona 3,4). Dem Kirchenvater Augustinus (354–430) nach bedeutet die Zahl Vierzig das irdische Leben, das gekennzeichnet ist von Plage, Wanderschaft und Erwartung.

»Die Fastenzeit ist eine Zeit des Trainings in der inneren Freiheit. Es tut uns gut, wenn wir uns jedes Jahr sieben Wochen in die innere Freiheit einüben. Das gibt uns das Gefühl, dass wir noch selber leben und nicht von unseren Bedürfnissen gelebt werden. Die Fastenzeit ist ein Test auf unsere innere Freiheit und zugleich eine Trainingszeit, wieder bewusst und frei unser Leben zu gestalten.

ANSELM GRÜN

In der Fastenzeit waren vergnügliche Veranstaltungen, selbst Hochzeiten, untersagt. Sogar Richter tagten in diesen Wochen nicht – und es war nicht erlaubt, die Todesstrafe zu vollstrecken. Ähnlich streng sah es ursprünglich bei den Speiseordnungen aus. Da der Fluch Gottes über die Bosheit der Menschen (Genesis 6,7b) nur die warmblütigen Tiere, aber nicht die kaltblütigen betraf, galten diese als rein. Das ist mit ein Grund, weshalb in der Fastenzeit, was den Verzehr von Tierfleisch sowie Tierprodukten angeht, nur Fischgerichte gegessen werden durften, daneben Erzeugnisse aus Getreide und vegetarische Speisen. Seit 1491 war der Genuss von Tierprodukten in den Klöstern allerdings erlaubt worden, so dass sich in späteren Rezepten für die Fastenzeit auch reichlich Eier, Butter, Schmalz, Sahne und Milch finden.
Das Erlebnis der Fastenzeit in der Bevölkerung beschreibt Sebastian Franck in seinem »Weltbuch« von 1534 folgendermaßen:

»Alsdann folgt die traurige Fast / darin essen sy viertzig tag kein fleysch / auch nit milch / käß / eyer / schmaltz / dann vom Rhömischen stul / vnnd gnad erkaufft. Da beichten die leüt nach ordnung ein yeder all seine sündt bei einer todtsündt.«

SEBASTIAN FRANCK

Fastenordnung für die Diözese Rottenburg für das Jahr 1902

Kraft der uns vom Apostolischen Stuhle eingeräumten Vollmacht, das allgemeine kirchliche Fastengebot den Orts- und Zeitverhältnissen entsprechend zu mildern, bestimmen wir bezüglich der Fastenordnung in unserer Diöcese für das laufende Jahr wie folgt:

1. Das Gebot der *Abstinenz*, d. h. der Enthaltung von Fleischspeisen gilt für folgende Tage:
a) den Aschermittwoch,
b) die drei letzten Tage der Karwoche,
c) für alle Freitage des ganzen Jahres, auf welche nicht ein gebotener Feiertag fällt.
   Mit Berücksichtigung unserer Verhältnisse gestatten wir jedoch auch an diesen Abstinenztagen mit alleiniger Ausnahme des Karfreitags den Genuß von Fleischspeisen:
a) allen Militärpersonen,
b) den Reisenden,
c) den Handwerksgesellen, Lehrlingen und Dienstboten, welche bezüglich der Auswahl der Speisen von Andern abhängig sind, sowie auch
d) den ganz Armen, welchen ihre Dürftigkeit keine Wahl der Speisen erlaubt.
2. Das Gebot des *eigentlichen Fastens,* d. h. der Enthaltung von Speisen außer der einmaligen Sättigung zur Mittagszeit und einer kleinen Stärkung des Abends besteht
a) für alle Tage der 40tägigen Fastenzeit mit Ausnahme der Sonntage (nicht aber der einfallenden Feiertage),
b) für alle Quatembertage,
c) für die Vortage (Vigilien) der hohen Festtage Weihnachten, Pfingsten, Peter und Paul, Mariä Himmelfahrt und Allerheiligen.
   Die bisherige in der Diözese bestehende Gewohnheit, an den genannten Fasttagen bei der abendlichen Kollation Fleischspeisen zu genießen, kann auch für das laufende Jahr beibehalten werden.
   Zur Beobachtung des Fastengebots sind nicht verpflichtet jene Personen, welche das 21ste Lebensjahr noch nicht zurückgelegt haben, sowie alle, welche durch vollgültige Gründe entschuldigt sind, wie die Kranken, Altersschwachen, mit schwerer Arbeit Belasteten, die Soldaten und die Reisenden.
3. An allen Abstinenz- und Fasttagen ist der Genuß von Milch und Eierspeise (Lacticinien) sowohl bei der Hauptmahlzeit als bei der abendlichen Kollation erlaubt. Ebenso wird gestattet, daß die Gläubigen an den genannten Tagen zum Schmelzen der Speisen Tierfett verwenden dürfen, mit Ausnahme des Karfreitags.
   Dagegen ist untersagt, an den Quatember- und Vigilfasten, und während der ganzen Zeit von Aschermittwoch bis Ostern – also auch die Fastensonntage eingeschlossen – bei ein und derselben Mahlzeit *Fisch und Fleisch* zugleich zu genießen.

4. Jedem Ortsseelsorger und Beichtvater wird die Ermächtigung erteilt, vom Abstinenz- und Fastengebot mit Rücksicht auf besondere Verhältnisse aus wichtigen Gründen zu dispensieren.

5. Bei dieser außerordentlichen Milderung des allgemeinen kirchlichen Fasten= und Abstinenzgebotes ermahnen wir jedoch die Gläubigen und besonders Jene, welche von einer speziellen Dispens Gebrauch machen, sich dafür um so eifriger zu erweisen in frommem Gebete und in den Werken christlicher Nächstenliebe, besonders im reichlichen Almosen zur Linderung der Not der Armen.

Gegeben zu *Rottenburg*, 1. Februar 1902
Paul Wilhelm
Bischof

Traditionelle Fastenspeisen

Weinsuppe mit Tapioka (Sago)

ZUBEREITUNG:

Vier Loth (70 Gr.) Tapioka werden in einer halben Maß (½ Liter) kochendem Wasser ein paarmal aufgekocht und dann warm gestellt. Währenddem schlägt man über dem Feuer eine Maß (1 Liter) weißen Wein mit acht Eidottern, acht Loth (140 Gr.) Zucker und etwas ganzen Zimmt so lange, bis das Ganze kochendheiß sich bindet; dann schlägt man es noch zwei Minuten vom Feuer entfernt, um eine mögliche Gerinnung zu verhüten, zieht das Stückchen Zimmt heraus und gibt den Sago unter fleißigem Rühren darunter und in die Suppenschale. Zierlich geschnittene Brodschnittchen, welche man mit feinem Zucker bestäubt und im heißen Bratrohr glacirt hat, werden auf einem Teller dazu gegeben.

ANNA HUBER, DIE VOLLSTÄNDIGE FASTENKÜCHE, REGENSBURG 1876

Apfel-Suppe

ZUBEREITUNG:

Zu einem Quart oder Schoppen [¼ l] Wein und eben so vielem Wasser, nimm 3 oder, wenn sie klein sind, 4 Porstdorfer Äpfel, schäle und schneide sie in Stücke. Lasse sie mit Zucker, ganzem Zimmet und Citronenschalen in dem Wasser und Wein so lange sieden, bis sie weich werden, treibs durch einen Seyher, lasse es noch einen Sud aufthun, und richte es über würflicht geschnittenes, in Schmalz geröstetes weißes Brod an.

GRÜNDLICHES KOCHBUCH, AUGSBURG 1792

Kartoffelgemüse mit Häring

ZUBEREITUNG:

Ein Häring wird, nachdem man ihn eine Stunde in Milchwasser gelegt hat, abgehäutet, von den Gräten befreit und in kleine Würfel geschnitten; ebenso werden weich gekochte Kartoffeln in dünne Scheiben zerschnitten. Alsdann bestreicht man eine runde Form gut mit Butter, legt eine Lage Kartoffeln, dann eine Lage Häring hinein, und fährt damit fort, bis die Form beinahe voll ist, alsdann verrührt man zwei Eidotter mit einem Schoppen (¼ Liter) sauern Rahm, salzt es ein wenig und gießt es über Kartoffeln und Häring. Das Ganze wird eine halbe Stunde bei mäßiger Hitze im Rohre gebacken und mit der Form zu Tische gegeben.

ANNA HUBER, DIE VOLLSTÄNDIGE FASTENKÜCHE, REGENSBURG 1876

Pilzlinge, krustiert

ZUBEREITUNG:

Man schneidet von den Schwämmen die Stengel und alles Braune sorgfältig ab, blättert sie recht fein auf, wäscht sie und gibt sie dann auf einen Durchschlag zum Ablaufen. Währenddem schneidet man zwei Zwiebel in kleine Würfel, röstet sie in einem Tiegel oder Kasserol mit einem Stück Butter, jedoch so, daß sie weiß bleiben. Gibt dann die Schwämme nebst etwas Pfeffer, Salz und einem halben Schoppen (⅛ Liter) sauern Rahm hinein, und läßt sie unter beständigem Umrühren auf raschem Feuer so lange kochen, bis nur mehr eine kurze Sauce daran ist. Die Schwämme kommen dann auf eine ächte Porzellanplatte, welche die Ofenhitze verträgt, werden dann mit braunem, geriebenem Milchbrod und etwas geriebenem Parmesankäse bestreut, mit verlaufener Butter beträufelt und im Ofen rasch gebraten.

ANNA HUBER, DIE VOLLSTÄNDIGE FASTENKÜCHE, REGENSBURG 1876

Feiner Kartoffelsalat

ZUBEREITUNG:

● | Man nehme hierzu womöglich rote Mäuse, koche sie mit Salz weich, ziehe sogleich die Schale davon ab, schneide sie vor dem Erkalten in feine Scheibchen, gieße 1 Tasse kochendes Wasser darüber und decke sie zu, bis die Sauce fertig ist. Zugleich schneide man auch gargekochte Sellerieknollen in Scheiben, welche, zu groß, kreuzweise geteilt werden. Zur Sauce nehme man für 6 Personen 6 Salatlöffel feines Öl, ebensoviel roten Wein oder Bouillon, 4–6 Löffel Essig, je nach der Schärfe desselben auch noch kochendes Wasser mit etwas Maggi-Würze oder 1 Messerspitze Armours Fleischextrakt, gehörig Pfeffer und Salz, nach Belieben auch etwas Senf. Damit die Scheiben ganz bleiben, gebe man eine Lage Kartoffeln in die Salatschüssel, einige Löffel Sauce darüber und so fort, bis alle Kartoffeln gut angefeuchtet sind. Vorher tauche man einige Scheiben von gleicher Größe in die Sauce und lege sie über den angerichteten Salat. ● | Mit Ausnahme des Kopfsalats können fast alle grünen Salate entweder apart oder auch gleich durchgemischt zu Kartoffelsalat gegeben werden. ● | Ganz vorzüglich schmeckt der Salat mit einem Zusatz feingewiegter Küchenkräuter: Schnittlauch oder Zwiebelspitzen, Petersilie, Estragon, Schafgarbe und Kresse.

HENRIETTE DAVIDIS, ILLUSTRIERTES PRAKTISCHES KOCHBUCH FÜR DIE BÜRGERLICHE UND FEINE KÜCHE, NEU BEARBEITET VON HELENE FABER, 19. JH.

Spinatknödelchen

ZUBEREITUNG:

Eine Handvoll Spinat wird gewaschen, gebrüht und nach einer Viertelstunde fest ausgedrückt, hierauf mit einer halben kleinen Zwiebel recht fein gewiegt. Dann drei Loth (52 Gr. Butter) schaumig gerührt, ein Milchbrod in Milch eingeweicht, fest ausgedrückt daran gerührt; ebenso etwas Salz und ein ganzes Ei. Alsdann werden Knödel daraus geformt und dann gesotten.

ANNA HUBER, DIE VOLLSTÄNDIGE FASTENKÜCHE, REGENS-BURG 1876

HINWEISE: ● | Die Knödelchen gelingen, wenn man zwei Scheiben Toastbrot in Milch einweicht und gut ausdrückt, daneben aber noch bis zu sechs Scheiben Toastbrot in der Mulinette zerkleinert und so viel Semmelbrösel an den Teig gibt, bis sich die Knödel mit nassen Händen gut formen lassen. ● | Zusätzlich zu der Angabe »etwas Salz« sollte man den Teig mit Pfeffer, geriebener Muskatnuss und einer weiteren Zugabe an Salz herzhaft abschmecken. ● | Die Spinatknödel können mit brauner Butter und etwas gehobeltem Parmesan serviert werden.

Käseklößchen

ZUBEREITUNG:

Man rühre 1 Eßlöffel Palmin schaumig, gebe 3 ganze Eier, 2 gut zerrührte Stück Weißkäse (Quark), etwa für 20–30 Pfennige, 2 geriebene altbackene Semmelchen, etwas Salz und kleingewiegten Schnittlauch hinzu, arbeite die Masse gut durch und forme kleine, flache Klößchen davon, die man in heißem Palmin auf beiden Seiten schön gelb bäckt. Dann übergießt man die Klößchen reichlich mit gebräunter Butter und gibt sie dampfendheiß zu Tisch.

HENRIETTE DAVIDIS, ILLUSTRIERTES PRAKTISCHES KOCH-BUCH FÜR DIE BÜRGERLICHE UND FEINE KÜCHE, NEU BEARBEITET VON HELENE FABER, 19. JH.

Weißbrodauflauf

ZUBEREITUNG:

Man rührt sechs Loth (105 Gr.) Butter schaumig, schlägt dann sechs Ei-
gelb daran, rührt sechs Loth (105 Gr.) (für drei Kreuzer) Bröseln, eine
Handvoll Weinbeeren und Rosinen darunter sowie auch Zucker und
Zimmt, zuletzt hebt man Schnee von sechs Eiweiß leicht darunter. Ist
Alles gut mitsammen vermengt, so bestreicht man eine Form gut mit
Butter, füllt die Masse ein und bäckt sie bei mäßiger Hitze.

ANNA HUBER, DIE VOLLSTÄNDIGE FASTENKÜCHE, REGENS-
BURG 1876

Fastenspeise

ZUBEREITUNG:

Man rührt sechs Loth (105 Gr.) Butter schaumig, rührt dann acht Eidottern, eine nach der andern, daran, sowie eine halbe Maß (½ Liter) feine
Bröseln, eine Maß (1 Liter) sehr guten sauern Rahm, etwas Zimmt, Zucker bis es süß ist. Zuletzt hebt man den festen Schnee von acht Eiweiß
leicht darunter, bestreicht eine runde Form gut mit Butter, füllt die
Masse ein und bäckt sie drei Viertelstunden im Rohr.

ANNA HUBER, DIE VOLLSTÄNDIGE FASTENKÜCHE, REGENS-
BURG 1876

Bayrische Dampfnudeln

ZUBEREITUNG:

Es wird ein Hefeteig von 1 Pfd. Mehl, 15 g Hefe, 75–100 g Butter, 150 g Milch, 4 Ganz-Eiern, 2 Eßl. Zucker und 1 Salzl. Salz, auch etwas abgeriebener Zitronenschale bereitet, der zugedeckt an warmem Platz bis zum Leichtwerden aufgehen muß. Aus dem daumendick ausgerollten Teig werden mit Likör- oder Madeiraglas kleine Krapfen ausgestochen, die in stark gefetteter Bratenpfanne nochmals zum Aufgehen gebracht werden. Ehe sie in den Backofen kommen, wird soviel mit Zucker und wenig Zitronenschale oder Vanille vermischte warme Milch daruntergegeben, daß der Pfannenboden eben bedeckt ist. Backdauer 15–20 Minuten bei guter Hitze. Auf Schüssel zu Berg geschichtet, werden sie in heißer Schneemilch (Milchsuppe mit Klößchen aus Eischnee) gegessen. Auch beliebige heiße Fruchtsoße dazu.

DAVIDIS-SCHULZE, DAS NEUE KOCHBUCH FÜR DIE DEUTSCHE KÜCHE, 1937

Wörishofener Kloster-Fasten

Verglichen mit tradtionellen Fastenspeisen, mutet der »Speisezettel für Fasttage« der Dominkanerinnen von Worishöfen zu Beginn des 20. Jahrhunderts hingegen üppig an:

- Krebssuppe mit Einlage
- Rheinsalm mit Butter und Salzkartoffeln
- Schneeberg
- Gespickter Hecht mit Salat und Bratkartoffeln
- Prinzregentenpudding mit Weinsauce
- Haselnusstorte
- Vanillegefrorenes
- Dessert-Obst

Krebssuppe mit Einlage

12 Krebse werden in Wasser gekocht und Scheeren und Schweifchen schön ausgelöst. Das Uebrige wird im Mörser zerstoßen, in Butter gedünstet, bis die Butter rot ist, mit 2 Löffel Mehl bestäubt, noch eine Weile gedünstet und mit klarer Fastensuppe aufgegossen. Man läßt die Suppe noch eine Zeitlang kochen und seiht sie vor dem Anrichten ab, gibt Salz, das Krebsfleisch und Goldwürfel oder Biskuit hinein.

Rheinsalm mit Butter und Salzkartoffeln

Ein Stück Salm, je nach Bedarf, wird geschuppt, gesalzen und gepfeffert und in den vorbereiteten blauen Sud gegeben. Man kann den Fisch im blauen Sud zu Tisch bringen oder folgende Sauce dazugeben: In etwa ¼ Ltr. blauen Sud läßt man einen großen Eßl. Mehl, der mit Wasser glatt abgerührt ist, einlaufen, das Ganze aufkochen und gibt zuletzt noch 2–3 Eßl. sauren Rahm dazu.

FISCHSUD ZU BLAUEN FISCHEN:
Man nimmt zwei Teile Wasser, 1 Teil Essig, nach Belieben auch etwas Weißwein dazu. Darein kommen einige Zwiebelscheiben, ebenso eine gelbe Rübe, etwas Salz, einige Zitronenscheiben, einige Petersilienwurzeln, 1 Stück Porree, Pfefferkörner und 1 Lorbeerblatt. Der Sud wird zum Kochen gebracht, dann ein wenig auf die Seite gestellt und der vorbereitete Fisch hineingegeben. Je nach der Größe läßt man denselben länger oder kürzer ziehen. Es ist gut, wenn man beim Kochen der Fische die Augen im Kopf läßt.

Schneeberg

Biskuit wird in schöne Vierecke geschnitten und in eine bestrichene Auflaufform gegeben, Wein-Chadeau darüber gegossen und ¼ Stunde ins heiße Rohr gestellt. Währenddessen werden 6 Eiweiß zu Schnee geschlagen. Jetzt kann man den Auflauf auch aus der Form stürzen. Die Hälfte des Schnees gibt man auf den Auflauf, die andere Hälfte bringt man in den Spritzbeutel und dressiert ihn zierlich über ihn. Dann wird das Ganze mit feinem Zucker fest bestreut und noch zehn Minuten in das heiße Rohr gestellt.

Gespickter Hecht

Ein Hecht von etwa 2 Pfd. wird geschuppt, ausgenommen, gewaschen, mit Salz und Pfeffer eingerieben und dann der Länge nach oder etwas gebogen in eine Bratraine gebracht. Dazu gibt man gleichzeitig Zwiebeln, gelbe Rüben, Petersilienwurzeln, Porree und einige Pfefferkörner. Der Fisch wird mit heißer Butter übergossen und im Rohr gebraten... Dann wird die Haut vorsichtig abgezogen, der Fisch wird mit Sardellen gespickt und gebraten.

Prinzregentenpudding mit Weißweinsauce

5 altgebackene Semmeln werden abgeschält, in dünne Scheiben geschnitten, mit Milch ein wenig angefeuchtet und in Butter leicht angebraten. Dann werden 4 Eier, 75 gr Zucker und ¼ l Milch, besser noch süßer Rahm, mit dem Schneebesen geschlagen. Nun wird eine Puddingform bestrichen und die Semmeln mit Weinbeeren, Rosinen, 50 gr abgezogenen, nicht zu fein gewiegten Mandeln und etwas Zitronenschale schichtenweise eingegeben, bis die Form fast voll ist. Den Deckel müssen Brotschnitten bilden. Die geschlagene Masse, der man nach Belieben 1 Gläschen Rum beigeben kann, wird über den Pudding gegossen und 1 ½ – 2 Stunden im Dunst gekocht.

Weißweinsauce (Chadeau)

½ Flasche Wein siedet man mit einem Stückchen Zimt, Zitronen- oder Orangenschale. Jetzt rührt man 3 Eigelb mit ¼ Pfd. Staubzucker und 1 Löffel feinem Pudermehl gut schaumig, gießt nach und nach den kochenden Wein daran und läßt das Ganze auf dem Feuer unter fortwährendem Rühren anziehen, bis es dick wird. Einige Eßl. Arrak oder Rum zuletzt daran gegossen, erhöht den Geschmack.

Haselnusstorte

140 gr Zucker werden mit 6 Eigelb ½ Stunde gerührt. Dann mengt man 120 gr fein geriebene Nüsse, 20 gr fein gesiebte Semmelbröseln, sowie 40 gr fein geschnittenes Zitronat dazu und bringt zuletzt den Schnee von 6 Eiweiß leicht darunter. Nach dem Erkalten füllt man die Torte mit sehr dickem Schlagrahm, der mit Vanillezucker vermischt wurde.

Vanillegefrorenes

Man siedet 1 Ltr. Rahm mit 1 Stängelchen Vanille, gießt ihn ab und stellt ihn beiseite. Indessen werden 3 ganze Eier mit ½ Pfd. Zucker schaumig gerührt, der Vanillerahm daran gegossen und unter fleißigem Rühren am Feuer zum Kochen gebracht. Dann schüttet man die Masse in eine Schüssel zum Auskühlen und richtet währenddessen die Gefrierbüchse. Es kommt eine Lage fein zerklopftes Eis in den Gefrierkübel, dann eine Lage Viehsalz und so fort, bis der Kübel voll ist. Jetzt gießt man die ganz ausgekühlte Masse in die Gefrierbüchse, läßt sie 5 Minuten stehen und fängt dann an, gleichmäßig zu drehen. Läßt sich die Gefrierbüchse nicht mehr drehen, so ist das Eis fertig.

ALLE REZEPTE AUS: DIE KLOSTERKÜCHE VON WÖRISHOFEN, ERPROBTE REZEPTE AUS DER HAUSHALTUNGSKÜCHE, HG. SCHWESTERN DES DOMINIKANERINNENKLOSTERS WÖRISHOFEN, BAD WÖRISHOFEN 1926

Dass sich die gelockerten Fastenregeln auch schnell im Volk verbreiteten, versteht sich von selbst.

Die evangelische Kirche kennt keine festen Speisevorschriften für die Passionszeit. Allerdings hat sich im Protestantismus der Brauch entwickelt, in den Wochen vor Ostern auf etwas Liebgewordenes zu verzichten, um seine innere Unabhängigkeit wiederzuerlangen. Seit 1983 gibt es die Fastenaktion »Sieben Wochen ohne«, der man sich anschließen kann, um auf Nikotin, Alkohol, Süßigkeiten, Fernsehen, Autofahren oder auf anderes Konsumverhalten zu verzichten.

Palmsonntag

Mit dem Palmsonntag beginnt die Karwoche. Schon um 400 n. Chr. war es in Jerusalem Sitte, in der Zeit vor Ostern die letzten Tage im Leben Jesu in Szene zu setzen. So gestaltete man eine Prozession von Bethanien aus (vgl. Johannes 12,1–8) bis zum Einzug in Jerusalem (vgl. Johannes 12,12–15), wo Jesus, den Evangelienberichten nach, auf einem Esel in die Stadt einziehend, als Messias bejubelt wurde und ihm zu Füßen Palmzweige ausgebreitet worden waren.

Diese kultischen Darstellungen können als Vorläufer zu den späteren Passionsspielen verstanden werden.

Der Brauch der Palmprozessionen hat sich im 11./12. Jahrhundert in der ganzen westlichen Kirche verbreitet und wurde regional unterschiedlich ausgestaltet. Da man in Deutschland keine Palmen zur Verfügung hatte, dienten andere Grünzweige, u. a. Weidenkätzchen, Haselzweige, Buchsbaum, Tanne oder Stechpalmen als Ersatz.

Ein Bericht aus dem Landkreis Paderborn aus der Zeit um 1900 erzählt: »Der Palmsonntag stand im Zeichen des Palmbundes, das von allen Kindern mit in die Kirche genommen wurde. In den Tagen vorher holten wir aus den benachbarten Wäldern Weidenzweige, die dort massenhaft zu finden waren. Am Abend vor dem Palmsonntag war es Aufgabe des Vaters, das Palmbund zusammenzustellen. Er nahm einen besonders langen Weidenzweig, befreite ihn von den Kätzchen und glättete ihn mit dem Messer. Auf diesen glatten Zweig schob er dann eine Reihe Äpfel, 6–8 oder sogar 10, möglichst dick und leuchtend rot, die eigens zu diesem Zweck im Winter zurückgelegt worden waren. (Es war der Ehrgeiz des Palmbundträgers, in der Kirche die meisten und schönsten Äpfel vorweisen zu können.) Der Zweig mit den Äpfeln wurde ringsum mit Weidenzweigen umgeben und mit einem hellen Band zusammengehalten. Einen sonstigen Schmuck trug das Palmbund nicht. Nach der Heimkehr aus der Kirche verteilte der Vater die Äpfel unter die anwesenden Kinder, denen natürlich die geweihten Äpfel besonders gut schmeckten. Hatte ein Nachbarhaus keine Kinder, die ein Palmbund zur Kirche tragen konnten, so brachten wir nach dort einen Teil der Äpfel und der Palmen, wofür wir als Entgelt eine Kleinigkeit an Geld oder Süßigkeiten erhielten. Die Palmkätzchen streute der Vater dem Vieh ins Futter. Am Nachmittag nahm er einen Teil der Zweige und steckte sie an die Ecken der Saatfelder. Der Rest der Palmzweige steckte während des Jahres hinter dem Kreuz oder hinter dem Spiegel; bei einem Gewitter wurden sie in frommem Glauben ins Feuer geworfen.«

An anderen Orten wurden die Palmen auch mit Gebildbroten, Brezeln, Zuckerzeug, Eiern oder Würsten behängt.

Gründonnerstag

Mit Gründonnerstag wird seit dem 12. Jahrhundert der Donnerstag vor dem Karfreitag bezeichnet. Sein Name geht auf die mittelhochdeutschen Wörter *gronan*, *grinen* und *greinen* für klagen und weinen zurück. An diesem Tag wurden die Büßer, die Klagenden und Weinenden, die am Aschermittwoch aus der Kirchengemeinschaft ausgeschlossen worden waren, wieder in die Gemeinde aufgenommen und damit zur Eucharistie zugelassen. Das Weinen und Klagen kann sich aber auch auf die Ölbergstunden Jesu vor seiner Verhaftung, auf sein Gebet unter »lauten Schreien und Tränen« (Hebräer 5,7) beziehen.

Am Gründonnerstagabend wird auch heute noch die Einsetzung des Heiligen Abendmahls mit einem eucharistischen Gottesdienst gefeiert. Nach dem Gloria verstummen die Glocken bis zur Osternacht, woraus sich die Redewendung entwickelt hat: Die Glocken fliegen nach Rom. Der Begriff *Greindonnerstag* hat sich im Laufe der Zeit vermutlich zu *Gründonnerstag* verschlissen. Anderen Deutungen nach knüpft die Farbe Grün an die Hoffnung auf den kommenden Frühling und das Erwachen der Natur an. So hat man in dieser Jahreszeit schon vor der christlichen Missionierung etwas Grünes gegessen. Einem germanischen Brauch entsprach es, zu Ehren des Donnergotts Thor Nesseln mit grünem Kohl zu essen. Dieses Kohlgericht wurde auch durch andere grüne Gemüse und Kräuter wie Brunnenkresse, Hopfenkeime oder Scharbockskraut ergänzt.

Grünkräuter-Speisen

Man glaubte, dass die am Gründonnerstag ge-pflückten Kräuter eine besondere Heilkraft besaßen. Bei der traditionellen *Siebenkräuter-suppe* als auch bei der *Neunkräutersuppe,* auch *Neunstärke* genannt, spielen wieder die Zahlen sieben und neun als Zahlen der Ganzheitlichkeit (vgl. Lebkuchengewürze) eine Rolle.

Die *Siebenkräutersuppe* enthielt Lauch, Salat, Spinat, Petersilie, Schnittlauch, Sauerampfer und Löwenzahn. Die *Neunkräutersuppe* enthielt z. B. Brunnenkresse, Lauch, Nesseln, Sauerklee, Weg-warte, Löwenzahn, Bibernelle, Bachbunge und Fetthenne. Oder auch: Schlüsselblume, Holunder-sprossen und Frauenmantel. Nach anderen Quellen auch: Lauch, Brennessel, Brunnenkresse, Löwen-zahn, Kerbel, Schafgarbe, Schnittlauch, Petersilie,

Basilikum – und ein paar kleine Kartoffeln. Die *mittelalterliche Neunstärke* bestand aus: Giersch, Löwenzahn, Taubnessel, Brennessel, Schafgarbe, Sauerampfer, Sauerklee, Trippmadam und Gänseblümchen, wobei die Reihenfolge einen Hinweis auf die Anteile der jeweiligen Kräuter gibt. Demzufolge bildete Giersch den Hauptbe-standteil des Gerichts.

Da Ostern – und damit zugleich natürlich die Karwoche – das eine Jahr bereits in den März, ein andermal erst in den April fiel, wurden im Allge-meinen die Kräuter verwendet, die zur entspre-chenden Zeit gediehen waren, so dass man sich nicht immer an die oben vorgegebene Anzahl und Auswahl an Kräutern halten konnte. Aus dem 18. Jahrhundert stammt folgendes Rezept:

Allerlei Grünkraut und Müsingen zu bereiten

Nehmet schön Brunnenwasser, etwas altbacken Weiß-Brod / hänget es übers Feuer / und scherbt unterdessen das grüne Kraut / als Kerffel / Bethe / Ochsen-Zung / Borrage / die jungen Blätter von schwartzen Johannisbeeren / und Goldblumenblätter / auch Lauch / Katzen-Nept ein wenig Spinat und Sauerampff / wenn nun das Weiß-Brod eine Zeitlang gekocht / so daß das Brod zergangen / thut was ihr von den gemeldten Kräutern habt mit Butter und Saltz hinzu / und last es gar kochen.

Grüne Sauce aus Goethes Zeit

Das traditionsreichste Gericht war die später als *Frankfurter Grüne Sauce* bekannt gewordene kalte Kräutersoße mit Pellkartoffeln, auf die Johann Wolfgang von Goethe sowie auch sein Freund Alexander von Humboldt an diesem Tag größten Wert legten.
Über Gründonnerstagsspeisen schrieb Johann Wolfgang von Goethe 1807 an seine Lebensgefährtin und spätere Gattin Christiane Vulpius:

»Am Grünen Donnerstag hatten wir uns Kohlsprossen bestellt und Honig zum Nachtisch, um dieses Fest recht würdig zu feyern. August hatte selbst Eyer roth und hart gesotten. Da die Fastenbrezeln alle sind, so bäckt die Köchin allerley Torten und Kuchen, die ihr nicht übel gerathen. Ein Truthhahn ist abgeschlachtet und andre gute Dinge sind im Vorrath.«

JOHANN WOLFGANG VON GOETHE AN CHRISTIANE

Aus dem Kochbuch der Schwiegermutter von Goethes Schwester stammt das folgende Rezept:

Frankfurter Grüne Sauce

ZUBEREITUNG:

Man nimmt ungefähr ein halbes Pfund frische Butter und rührt sie zu Schaum; dann thut man vier Eigelb und zwei gesottene Eier dazu und verrührt dies mit der Butter. Hierzu kommt ein Löffel voll Provenceröl [Olivenöl], etwas Essig, etwas Zitronenschale und ein Löffel voll gutem Senf. Dann wird das Grüne fein gehackt, dazu gerührt und durch ein Haarsieb gedrückt. Das Grüne besteht aus Borretsch, Sauerampfer, Pimpernell, Drachant [Estragon]. Auch kommt etwas Pfeffer und Salz dazu. – Hat man gute Fleischgelée, so wird diese Sauce besser, wenn man statt Butter Gelée nimmt.

ANMERKUNG:

Diese »Grüne Sauce« hat die Konsistenz von Kräuterbutter. Heutzutage bereiten wir Grüne Sauce statt mit Butter mit Mayonnaise und Sauerrahm oder Joghurt zu. | → *Abbildung S. 141*

AUS DEM KOCHBUCH DER FRAU RATH SCHLOSSER

Regional verschieden, haben sich auch andere grüne Speisen durchgesetzt. In Schwaben entwickelten sich Rezepte für *Laubfrösche* oder *Maulschellen,* mit fein gehacktem frischen Gemüse gefüllten Nudeln, die an die Ohrfeigen erinnern sollten, die Jesus nach dem Johannesevangelium am Gründonnerstag-Abend von den Dienern des Hohepriesters erhielt (Johannes 18,22). Dieses Gericht ist heute im badisch-schwäbischen Raum als *Gemüsemaultasche* bekannt. In Hessen brachte man Gemüse aus neunerlei Grün auf den Tisch; in Sachsen einen Salat aus grünen Rüben, in Böhmen Spinatkrapfen, in der Heide ein Krautbrot. In Nordwestdeutschland kochte man den *Giersch,* eine grüne Suppe, im Schwarzwald wurden grüne Pfannkuchen mit Schnittlauch gebacken, im Elsass Brennesselküchlein.

Den am Gründonnerstag gelegten Eiern schrieb man eine besondere Heilkraft zu. Sie wurden eingesammelt und Ostern zu Kirche gebracht, um dort geweiht zu werden. Sie werden auch Antlass-Eier genannt, was, vom mittelhochdeutschen Wort *antlâz* her Ablass, Vergebung bedeutet und auf die Wiederaufnahme der von der Sünde losgesprochenen Büßer, der Greiner, Bezug nimmt.

Eierpfannenkuchen mit Spinat (Aumelette)

ZUBEREITUNG:

Aumelette ist ein ganz dünner Eyerpfannkuchen. Man nimmt zu 4 Eyern einen Löffel voll Mehl, rühret ihn mit ein wenig Milch an, schlägt nach und nach die Eyer dazu und salzet den Teig so viel nöthig ist. Dann läßt man Schmalz in einer flachen Backpfanne heiß werden, gießt so viel hinein, daß der Eyerkuchen nicht zu dick wird; sticht mit einem Messer hin und wieder hinein, daß das Dünne, so noch oben ist, vollends hinunter läuft. Wann er nun unten schön gelb gebacken ist, wendet man ihn um und läßt ihn auf der andern Seite auch ein wenig backen. Dann legt man ihn in eine Schüssel, richtet gekochten Spinat darauf an, bestreut diesen mit Semmelmehl, legt kleine Stücklein Butter darauf und hält eine glühende Schaufel darüber; oder man backe 2 Pfannkuchen, legt auf den einen den Spinat, deckt den andern darüber und giebt es auf den Tisch.

GRÜNDLICHES KOCHBUCH, AUGSBURG 1792

Gefüllte Nudeltaschen
nach Lea Linster

Gefüllte Nudeltaschen

ZUTATEN:

FÜR VIER PERSONEN

- 14 selbst gemachte Nudel-
  teigplatten von 12 x 12 cm
  aus etwa 350 g Nudelteig
- 1 EL Butter
- Fett für die Form

FÜLLUNG:

- 250 g Zucchini
- 1 EL Butter
- 1 Bund Basilikum
- 120 g Parmesan
- 230 g Ricotta
- 1 Ei
- Salz
- Pfeffer
- Muskatnuss

SOSSE:

- 2 Zwiebeln
- 6 EL Olivenöl
- 3 Knoblauchzehen
- 10 reife Tomaten
- Salz
- Zucker
- Pfeffer

ZUBEREITUNG:

● | Für die Füllung spüle ich die Zucchini ab, tupfe sie trocken, raffele sie grob und dünste sie in etwas Butter an. Das Basilikum waschen, trocken schütteln, die Hälfte davon fein hacken. Ich reibe den Parmesan und stelle 20 Gramm beiseite. ● | Die Zucchiniraffel, das gehackte Basilikum, der zerdrückte Ricotta, 100 Gramm Parmesan und das Ei werden verrührt. Ich gebe Salz und Pfeffer darüber und schmecke mit einem Hauch Muskat ab. ● | Für die Tomatensoße hacke ich die Zwiebeln fein und dünste sie mit dem Knoblauch im heißen Öl glasig. Die Tomaten spüle ich ab, würfele sie grob und gebe sie dazu. Mit Salz, Zucker und Pfeffer würzen und etwa 30 Minuten bei kleiner Hitze köcheln. Die Soße passieren, abschmecken und warm halten. Den Nudelteig rolle ich durch die Nudelmaschine und schneide schöne dünne Teigplatten daraus zu. Nacheinander für eine Minute in kochendes Wasser geben, in Eiswasser abschrecken und zum Abtropfen auf ein Küchentuch legen. ● | Von der Füllung tue ich je einen Esslöffel in die Mitte der Teigquadrate. Die Ecken schlage ich wie bei einem Briefumschlag zur Mitte hin ein. Die gefüllten Nudeln werden mit einem Pinsel leicht gebuttert und in eine gefettete Form oder auf ein Backblech gelegt. Vor dem Servieren kommen sie für etwa fünf Minuten in den vorgeheizten Backofen und garen bei 200 Grad (Umluft 180 Grad, Gas Stufe 4). Die Nudeln sind fertig, wenn sie oben schön kross sind. ● | Pro Person lege ich zwei bis drei Nudeln auf einen Teller und dressiere mit der heißen Tomatensoße, dem restlichen Basilikum und dem restlichen Parmesan. Ihre Gäste werden Sie lieben!

Lea Linsters Nudelteig

ZUTATEN:

FÜR SECHS PERSONEN
· 500 g Hartweizengrieß
· 4 Eier à 65 g
· evtl. 1 TL Salz
· etwas Mehl
  zum Verarbeiten

ZUBEREITUNG:

● | Es ist wirklich kaum zu glauben: Um diesen fantastischen italienischen Nudelteig zu machen, brauche ich nur zwei Dinge: guten italienischen Hartweizengrieß und Eier. Ich vermische also die beiden Zutaten, knete die Masse und forme sie zu einem Klumpen, so gut es geht. Leichter geht's mit der Küchenmaschine. Wichtig ist: Der Teig darf nicht zu feucht sein. Er krümelt deshalb so sehr, dass man sich kaum vorstellen kann, daraus jemals eine Nudel zu machen. Nun kommt der Trick: Den Teigklumpen stecke ich in eine Plastiktüte und lege ihn – am besten über Nacht, auf jeden Fall aber über mehrere Stunden – zum Durchziehen in den Kühlschrank. Das macht den Teig elastisch und weich! ● | Den Teig teile ich in mehrere Portionen, rolle ihn erst mal auf einer bemehlten Arbeitsfläche ein bisschen mit dem Nudelholz in Form und kurbele und walze ihn dann auf der Nudelmaschine dünner und dünner. Ich mache daraus Spaghetti oder Fettucine, Tagliatelle oder Ravioli, je nachdem, was ich kochen will. Auf jeden Fall werden die fertigen Nudeln anschließend ganz fein mit Mehl bestäubt, damit sie nicht zusammenkleben. Gekocht werden die frischen Nudeln in reichlich Salzwasser, je nach Dicke nur etwa zwei bis vier Minuten. ● | Sie können den Nudelteig oder auch die fertigen Nudeln problemlos einfrieren.

Judasohren und Fastenbrezeln

Neben Eiern, Kohl und Grünkräutern wurden oft auch sogenannte Zauberspeisen gegessen in der Hoffnung, dass sich dadurch die Lebenskräfte stärkten. Bereits bei Sonnenaufgang sollten Honig oder Honigbrötchen verzehrt werden, die auch *Judasbrötchen* oder – in Hamburg – *Judasohren* genannt werden. Als weitere Fastenspeise galten die *Fastenbrezeln,* die es früher nur in der Passionszeit gab. In Südwestdeutschland erfreuten sich die weißen Brezeln großer Beliebtheit: sie wurden zunächst kurz in heißem Wasser gekocht, dann erst gebacken und zum Schluss gesalzen.

»Am Gründonnerstag wurden zum Morgenkaffee bei uns im Ermland größere Gründonnerstagskringel gebacken (hierzulande würde man Brezeln dazu sagen). Da diese Kringel größer waren als sonst üblich, mußten sie unter uns Kindern durch Auseinanderziehen geteilt werden. Zu solch einer Teilung gehörten immer zwei der Geschwister. Jeder faßte den Gründonnerstagskringel an einem Ende an, und dann wurde daran gezogen, so daß er zerriß. Wer dabei die größere Hand hatte, konnte natürlich besser zupacken und erwischte die größere Hälfte. Das gab dann immer Tränen bei uns Jüngsten, die wir ja dafür die kleineren Hände hatten. War bei diesem Spiel der Anteil der großen Geschwister gar zu groß ausgefallen, mußte manchmal auch Vater oder Muttchen einschreiten, um eine einigermaßen gerechte Regelung zu treffen und die Tränen von uns Kleinen zu trocknen. Trotzdem wurde dieses Ziehen der Gründonnerstagskringel alle Jahre wiederholt und von allen mit Sehnsucht erwartet, denn einen so guten Hefeteig machte Muttchen im Laufe eines langen Jahres nicht zu oft.«

LEO LINDENBLATT

Fastenbrezeln

ZUTATEN:

- 500 g Weizenmehl
- 1 TL Salz
- 2 TL Zucker
- ½ Würfel Germ oder
  1 Pkg. Trockengerm
- ¼ l Milch
- 50 g Butter oder Margarine
- 1 verquirltes Ei
- grobkörniges Salz

ZUBEREITUNG:

● | Das Mehl in eine große Schüssel sieben und das Salz beimischen. In eine Mulde in der Mitte Zucker und Germ geben, mit etwas Mehl vermischen und mit ⅛ l handwarmer Milch zu einem Brei verrühren und an einem warmen Platz circa 15 Minuten zugedeckt stehen lassen. ● | Danach den Rest der warmen Milch und die zerlassene, aber nicht mehr heiße Butter dazugeben, alles vermischen und zu einem festen, glatten Teig verkneten. Den Teig zu einer Kugel formen und mit einem Küchentuch bedeckt bei Zimmertemperatur circa 1 Stunde aufgehen lassen. ● | Den Teig danach noch einmal kurz durchkneten und in entsprechende Stücke teilen, aus denen dann Rollen geformt und zu Brezen zusammengelegt werden. Die Brezen auf ein mit Backpapier ausgelegtes oder mit Fett bestrichenes Blech legen, mit dem verquirlten Ei bestreichen und mit grobkörnigem Salz bestreuen und noch etwa 10 Minuten unbedeckt aufgehen lassen. ● | Danach in das vorgeheizte Backrohr schieben und bei 200 Grad (E-Herd) bzw. 160 Grad (Heißluftherd) circa 25 Minuten backen.

BENEDIKTINERSTIFT ST. LAMBRECHT

Butter-Kringel

ZUBEREITUNG:

Drei Viertelpfund (420 Gr.) Butter wird mit sechs Eigelb zu Schaum gerührt, alsdann drei Viertelpfund (420 Gr.) gestoßener Zucker und ein Pfund (560 Gr.) feines Mehl löffelweise darunter gerührt, nebst der abgeriebenen Schale einer Citrone. Das Eiweiß von sechs Eiern wird zu steifem Schnee geschlagen und die Hälfte davon leicht unter die Masse gerührt. Man bestreicht ein heißes Blech leicht mit Wachs, ist die Masse kalt, formt man runde Ringe daraus, setzt sie darauf, bestreicht sie mit dem übrigen Eierschaum, worunter man etwas feinen Zucker mischt, und bäckt sie bei mäßiger Hitze.

ANNA HUBER, DIE VOLLSTÄNDIGE FASTENKÜCHE, REGENSBURG 1876

Karfreitag

Karfreitag ist der Gedenktag der Kreuzigung und des Todes Jesu. Seinen Namen verdankt er dem mittelhochdeutschen *kar*, althochdeutsch *chara*, was so viel wie Wehklage, Trauer bedeutet.

In den ersten Jahrhunderten fanden am Karfreitag noch keine Gottesdienste statt. Erst durch die legendäre Auffindung des Kreuzes Jesu in Jerusalem durch Helena, die Mutter Kaiser Konstantins, gewann die Kreuzesverehrung mehr und mehr an Boden. Die Ausgestaltung des Kirchenraumes ist an diesem Tag sehr schlicht, denn auf Kerzen und Blumenschmuck wird verzichtet.

In der protestantischen Frömmigkeit entwickelte sich der Karfreitag zum höchsten Feiertag, an dem neben dem Abendmahlsgottesdienst am Vormittag am Nachmittag um 15 Uhr zur Todesstunde Jesu und häufig auch um 18 Uhr zu seiner Grablegung Andachten gehalten werden.

In der katholischen Kirche ist die Karfreitagsliturgie in die Dreitagefeier von Leiden, Tod und Auferstehung des Herrn, das *Triduum Sacrum*, eingebunden. Diese Feier beginnt am Gründonnerstag mit der Messe vom Letzten Abendmahl und erreicht ihren Höhepunkt in der Auferstehungsfeier der Osternacht. Der Hauptgottesdienst an Karfreitag ist in drei Teile gegliedert und zwar in den Wortgottesdienst mit Verkündigung der Passionsgeschichte und den Großen Fürbitten, die Kreuzverehrung und die Kommunionfeier, zu der am Gründonnerstag geweihte Hostien an die Gläubigen ausgeteilt werden. Mancherorts, wie zum Beispiel in Lohr am Rhein und anderen deutschsprachigen Orten, aber auch in Süditalien und Sizilien finden Karfreitagsprozessionen statt.

Bis zur Liturgieerneuerung im 20. Jahrhundert galt bei den Katholiken nur der Vormittag als Feiertag, am Nachmittag wurde auf dem Hof und im Haushalt gearbeitet: hier säuberte man die Wohnungen, da dem Volksglauben nach ein Haus rein sein müsse, um den Ostersegen empfangen zu können. In den Küchen wurden bereits die Osterkuchen gebacken.

In den orthodoxen Kirchen beginnt die Karfreitagsfeier am Gründonnerstag, die von zwölf Evangelienlesungen bestimmt ist.

In der katholischen und in den orthodoxen Kirchen ist der Karfreitag strenger Fastentag.

»Auch für uns Kinder war der Karfreitag ein Schmachttag. Da war das Fasten besonders streng. Meist gab es Heringe, aber für die Kinder nur ⅓ Stück, für die großen ½. Das Schwanzende war etwas länger geschnitten; meine kleinen Geschwister freuten sich, wenn sie dies Stück bekamen, da ich als der Älteste schon besser schätzen konnte, freute ich mich mit. Trotzdem habe ich mir einmal gewünscht, ich wäre eine Kuh, denn das Vieh brauchte nicht zu fasten, es bekam sein Futter in gewohnter Weise.«

KARL BERKENDORF

Ostern

An Ostern feiert die Christenheit die Auferstehung Jesu Christi vom Tod, wie sie im Neuen Testament bezeugt ist. Dies geschah nach dem Glauben der Urchristenheit am dritten Tag nach seiner Kreuzigung (vgl. Markus 16,9f. par.), wobei der Karfreitag als Todestag mitgerechnet wurde. Ostern ist ursprünglich das bedeutendste christliche Fest und wird von allen christlichen Kirchen als solches begangen.

In den orthodoxen wie der katholischen Kirche gehören Osternachtgottesdienste zu den feierlichsten und glanzvollsten des Jahres, an deren Liturgie und Brauchtum sich inzwischen auch protestantische Gemeinden angelehnt haben. Wesentliches Symbol ist die Osterkerze, die mit den Worten: »Lumen Christi« (Licht Christi) in die dunkle Kirche hineingetragen wird. In den Osternachtgottesdiensten finden traditionell Taufen und Eucharistiefeiern statt. Das Fest der Auferstehung Jesu Christi knüpft sowohl zeitlich als auch inhaltlich an das jüdische Pascha- oder Pessachfest an. Pessach wird jedes Jahr im jüdischen Frühlingsmonat Nisan gefeiert. Es beginnt am 14. Nisan, am Vorabend von Pessach, mit dem häuslichen Sedermahl und dauert sieben Tage.

In der Alten Kirche wurde auf dem Konzil von Nicäa im Jahr 325 der Ostertermin auf den ersten Sonntag nach Frühlingsvollmond festgelegt. Demzufolge kann der früheste Ostertermin der 22. März, der späteste der 25. April sein. Seit der Kalenderreform des 16. Jahrhunderts (Gregorianischer Kalender) fallen die Ostertermine der West- und der Ostkirche auseinander, da die orthodoxen Kirchen für die Berechnung von Ostern am alten Julianischen Kalender festgehalten haben.

»An Ostern feiern wir das Fest des neuen Lebens, der Auferstehung aus dem Grab unserer Angst und Traurigkeit, aus dem Grab unseres Selbstmitleids und unserer Dunkelheit. An Ostern singen und tanzen wir die innere Freiheit aus. Wir vertrauen darauf, dass es nichts Erstarrtes in uns gibt, das nicht zu neuem Leben aufgebrochen werden kann, dass es keine Dunkelheit gibt, in die das Licht nicht vordringt.«

ANSELM GRÜN

Pessach, das jüdische Osterfest, wird jedes Jahr zur Erinnerung an den Auszug aus Ägypten gefeiert. Gott hatte der Überlieferung der Hebräischen Bibel nach die Israeliten beauftragt, am Abend vor der Flucht aus der Gefangenschaft männliche einjährige Lämmer von Schafen oder Ziegen zu schlachten und mit deren Blut die Türpfosten der Häuser zu bestreichen, in denen sie das gebratene Lamm zusammen mit ungesäuerten Brotfladen und Bitterkräutern verzehren sollten. In der Nacht hielt Gott Gericht an Ägypten, der Tod ereilte alle Erstgeborenen der Ägypter. An den mit dem Blut des Lammes gekennzeichneten Häusern ging der Todesengel vorüber (*pessach* – überschreiten im Sinne von vorübergehen, verschonen), so dass den Hebräern der Weg in die Freiheit ermöglicht wurde (vgl. Exodus 12).

Jesus hatte am Gründonnerstag mit seinen Jüngern zusammen das Paschafest gefeiert (vgl. Markus 14, 17–25 par) und während der Mahlzeit das Brot und den Kelch auf seinen Leib und sein Blut bezogen. Seither feiern Christen mit diesen beiden Elementen im heiligen Abendmahl die Vergegenwärtigung Jesu Christi. Hatte schon Johannes der Täufer auf »das Lamm Gottes, das die Sünde der Welt hinwegnimmt« (Johannes 1,29) verwiesen, so wird der Bezug zum Paschalamm deutlich im Bekenntnis der Urchristenheit: »als unser Osterlamm ist Christus geopfert worden« (vgl. 1 Korinther 5,7). Auch der Messgesang des *Agnus Dei* (»Agnus Dei, qui tollis peccata mundi, miserere nobis«, Lamm Gottes, das du trägst die Sünden der Welt, erbarme dich unser) feiert Jesus Christus als das Lamm Gottes, das durch seinen Tod am Kreuz die Schuld der Menschheit getilgt hat.

In den meisten Sprachen erinnert bereits die Bezeichnung des Osterfestes an seine Wurzel im biblischen Paschafest: so heißt Ostern zum Beispiel auf Italienisch *pasqua,* auf Französisch *pâques*, auf Spanisch *pascua,* auf Portugiesich *páscoa,* auf Niederländisch *pasen* und im Russischen *pascha.* Woher die die deutsche Bezeichnung *Ostern,* verwandt mit dem englischen *easter* stammt, ist etymologisch nicht eindeutig festzustellen. Die häufig genannte Verbindung zu einer angeblichen germanischen Frühlingsgöttin *Ostara* wird inzwischen verworfen.

Als wahrscheinlichste Erklärungen gelten, dass sich der Begriff Ostern von Osten, der Himmelsrichtung, in der die Sonne aufgeht, ableitet und mit dem griechischen Wort *eos* beziehungsweise dem lateinischen Begriff *aurora*, der Morgenröte verwandt ist oder auf das angelsächsische *eastron* zurückzuführen ist, das ebenfalls die Morgenröte bezeichnet. Daraus ergibt sich ein schlüssiger Sinnzusammenhang zu den biblischen Zeugnissen, nach denen Jesus Christus in den frühen Morgenstunden des dritten Tages nach der Kreuzigung auferstanden ist (vgl. Markus 16,9 par.), was in der Feier der Ostervigil und der Ostermette, der gottesdienstlichen Feier in den Morgenstunden des Ostersonntags, seinen liturgischen Ausdruck findet.

Der Sprachwissenschaftler Prof. Dr. Jürgen Udolph (geb. 1943) verweist für die Bedeutung des Begriffs Ostern hingegen auf das altnordischen *austr,* das so viel wie schöpfen oder begießen heißt; von daher könnte der Terminus Ostern also auch von der Taufe der Katechumenen in der Osternacht hergeleitet sein.

Welchen Sinngehalt hat aber nun das Osterei? Am Ostermorgen war es in katholischen Gemeinden seit altersher Sitte, Speisen, auf die man in der Fastenzeit hatte verzichten müssen, in einem Korb zur Kirche zu tragen, um sie dort weihen zu lassen. Dazu gehörten eben Eier, daneben Salz,

Speck, Schinken, Osterfladen und das gebackene Lamm mit der Siegesfahne. Dieser Brauch wird auch heutzutage noch vereinzelt in katholischen Gemeinden praktiziert.

Dem Ei kommen unterschiedliche Bedeutungen zu. Schon bei heidnischen Frühlingsfesten war es Symbol für die wieder erwachende Pflanzen- und Tierwelt. Im Christentum versinnbildlichte es die Auferstehung: So wie ein Küken die Schale zerbricht, um ans Leben zu kommen, hat Christus die Grabeshöhle aufgesprengt.

Seit dem 13. Jahrhundert wurden die Eier traditionell rot eingefärbt; rot ist die Farbe des Blutes Christi, des Lebens, des Feuers und der Liebe und steht daher auch für die brennende Liebeskraft des Heiligen Geistes.

Zudem sammelten sich dort, wo die Fastenzeit streng eingehalten worden war, in den letzten Wochen und Tagen vor Ostern zahlreiche Eier an, die gekocht oder in kühler Erde, in Sägespänen oder als Soleier in Salzlake konserviert worden waren.

Von daher erklären sich auch die unterschied- lichsten Eiergerichte auf der österlichen Speise- karte, denen viele schon sehnsüchtig entgegen- sahen, wie es in einem Nürnberger Fastnachts- spiel von Hans Rosenplüt Mitte des 15. Jahrhun- derts heißt:

»Die Fassnacht hat uns procht zu großem schaden,
Das wil uns dy Ostern wider kern mit air und fladen.«

HANS ROSENPLÜT 15. JAHRHUNDERT

Eierspeisen

Von geweihten *Osterfladen, Eiern und einer gelben Ostersuppe* spricht das burleske Gedicht von
Hans Sachs aus dem Jahr 1558 in hochdeutscher Übersetzung:

Ein Edelmann aus Baiernland,
Von gutem Stamm, doch ungenannt,
Hatt' einen Mönch zu seinen Fladen
Osterkuchen am heil'gen Ostertag geladen …
Der Mönch macht' voll die Siebenzahl
Und saß beim Ritter bei dem Mahl
Und auch das Benedicte sprach.
Da setzt' man auf den Tisch darnach
Den geweihten Fladen mit den Eiern,
Wie das ist Brauch im Lande Baiern.
Von dem Geweihten aß jedermann.
Dann bracht man einen Kalbskopf an …
Als man das von dem Tisch wegnahm,
Die gelbe Ostersuppe kam.

HANS SACHS

Vereinzelt hat sich aber auch ein Brauchtum entwickelt, das auf eine besondere Zubereitung
der Eier vor ihrem Verzehr verzichtet hat. So erzählt ein Bericht aus dem Oldenburger Land:
»Das Eieressen kennt und übt man im ganzen Lande. Das Gesinde bekommt so viel Eier, als es mag,
und leistet darin dann auch Erschreckliches. 20 Hühnereier und 1 Gänseei oder 1 Ei mit der Schale
zum Schluß, so geht die Rede, muß ein tüchtiger Großknecht verzehren. Das feierliche Eieressen
geschieht am Abend des 1. Ostertages, aber das ganze Fest hindurch werden Eier erbeten, ver-
schenkt und verzehrt. Für Kinder werden die Eier mit Zwiebeln, Farbhölzern und Kräutern gefärbt,
auch wohl im Garten unter Büsche und Blumen versteckt, wohin sie dann nach dem Kinderglauben
der Hase gelegt hat. — Ein Spiel um Eier ist das Bicken. Einer tupft mit der Spitze seines Eis auf
das Ei eines anderen, bis eins zerbricht, das dann dem Besitzer des unverletzt gebliebenen zufällt.
Vorzüglich, heißt es aus dem Saterland, war dieses Bicken beim Abbrennen des Osterfeuers unter
Leuten verschiedenen Geschlechts üblich und diente häufig dazu, alte Bekanntschaften zu erneuern, neue anzuknüpfen. Auch wirft man mit Eiern auf Wiesen, und wer sein Ei am weitesten wirft,
bekommt die Eier der übrigen.«

Eierlaufsuppe

ZUBEREITUNG:

Man nehme zwei Eier, einen guten Löffel Mehl und dreiachtel Quart [0,45 Liter] Milch, und mache hieraus einen Teig. Nun setze man ein Quart [1,2 Liter] Fleischbrühe mit etwas gehackter Petersilie ans Feuer und lasse es tüchtig kochen. Hierauf läßt man unter beständigem Umrühren den Teig in die Fleischbrühe fließen und noch ein wenig kochen. Wird die Suppe angerichtet, so reibt man Muskatnuß darüber.

MARIE SCHREIBER, BERLINER KOCHBUCH FÜR BÜRGERLICHE HAUSHALTUNGEN, 1839

Eierkäse

ZUBEREITUNG:

10–12 Eier (je nach der Größe) schlägt man gut durcheinander, rührt sie mit 1 ⅛ l Milch und etwas Salz so lange über schwachem Feuer, bis es gerinnt, zu heiß darf es nicht werden, und gießt es dann zum Ablaufen schnell in die Form, damit die Eier recht weich bleiben. Auch kann man einige Korinthen, welche man vorher in kochendem Wasser hat ausquillen lassen, lagenweise durchstreuen. Hat man indes etwas länger Zeit bis zum Gebrauch, so wird der Eierkäse jedenfalls milder, wenn man die Eiermilch in einen Steintopf gießt, solchen in kochendes Wasser stellt und dieselbe so lange fortwährend kochen läßt, bis sie gerinnt. Eine passende Sauce dazu ist: Sahne von saurer Milch mit Zucker und Zimt schäumig geschlagen und mit Arrak vermischt. Auch paßt eine kalte Wein- oder Fruchtsauce dazu.

HENRIETTE DAVIDIS, ILLUSTRIERTES PRAKTISCHES KOCHBUCH FÜR DIE BÜRGERLICHE UND FEINE KÜCHE, NEU BEARBEITET VON HELENE FABER , 19. JH.

Eier auf italienische Art

· 12 Eier
· 6 Sardellen
· Prise Pfeffer
· 1 Eßl. in 20 g Butter
  gedämpfte Zwiebel und
  Petersilie
· ½ l sauren Rahm.

ZUBEREITUNG:

Die Eier werden hart gekocht, in kaltes Wasser gelegt, geschält, in Hälften geteilt. Sodann setzt man die Eierhälften in eine feuerfeste Platte oder Auflaufform, belegt sie kreuz und quer mit Sardellenstreifen, streut die in Butter gedünstete Zwiebel und Petersilie darauf und stellt die Platte nach der Zugabe des dicken sauren Rahms in den heißen Backofen. Hier läßt man die Eier so lange stehen, bis sie einmal aufgekocht haben und bringt sie sofort zu Tisch.

KOCHBUCH DER HAUSHALTUNG- UND KOCHSCHULE DES BADISCHEN FRAUENVEREINS, KARLSRUHE 1918

Eiersalat

ZUTATEN:

· 4–6 hartgekochte Eier
· Tomaten
· gekochter Sellerie
  oder saure Gurken
· 4 Eßl. Öl
· 4 Eßl. Essig
· 1 Teel. Senf
· Salz
· 1 Eßl. feingehackter
  Schnittlauch

ZUBEREITUNG:

Öl, Essig und Gewürze werden zu einer Soße verrührt oder geschlagen. Die hartgekochten Eier werden vorsichtig in Scheiben geteilt, mit Tomatenscheiben, Sellerie oder sauren Gurken lagenweise in eine Schüssel geschichtet und mit der Soße überfüllt. Der Salat muß einige Stunden durchziehen.

DR. OETKERS SCHULKOCHBUCH, 1937

Österliche Eierspeise
nach Lea Linster

Raffinierter Toast
mit Wachtelei

ZUTATEN:

FÜR ACHT PERSONEN

· 4 Wachteleier
· 2 Eier
· 2 EL Mayonnaise
· etwas Piment d'Espelette
· Meersalz
· 2 hauchdünne
  Scheiben Schinkenspeck
· 2 Scheiben Toast
· 2 Kirschtomaten
· etwas Kresse

ZUBEREITUNG:

● | Die Wachteleier lege ich zwei Minuten in kochend heißes Wasser und lasse sie ziehen. Herausnehmen und in Eiswasser damit, dann lassen sie sich besser schälen. ● | Die Hühnereier koche ich acht Minuten ganz normal, schrecke sie ab und pelle sie ebenfalls. Die Eigelb löse ich heraus, zerdrücke sie und mische sie mit der Mayonnaise. Diese Creme schmecke ich mit etwas Piment d'Espelette und etwas Meersalz ab. ● | Den Schinkenspeck schneide ich nun in klitzekleine Würfelchen – sie sollen nur so groß sein wie ein Stecknadelkopf – und brate sie in einer beschichteten Pfanne kross. Ich lasse den Speck auf Küchenkrepp abkühlen, so verliert er gleichzeitig sein Fett. ● | Die beiden Toastbrotscheiben röste ich und bestreiche sie mit der Eiercreme. Jede Scheibe wird geviertelt, darauf kommt je ein Viertel Kirschtomate, ein halbiertes Wachtelei, ein paar Schinkenkrümelchen und etwas frisch geschnittene Kresse.

Osterlamm
nach Lea Linster

Lammcarré mit Kräutern

ZUTATEN:

FÜR VIER PERSONEN

· 150 g durchwachsener
  Speck
· Lammcarré (ca. 750 g)
· 3 EL Olivenöl
· Salz
· Pfeffer
· 250 ml Lamm- oder
  Gemüsefond
· 1 Bund Thymian
· 4 Tomaten
· 2 EL Semmelbrösel
· 2 EL Parmesan
· 2 EL Butter

KRÄUTERBUTTER:

· 1 EL gehackte
  Petersilienblätter
· 1 TL Estragon
· 1 TL Kerbel
· 1 Knoblauchzehe
· 50 g Butter
· Salz
· Pfeffer
· etwas Zitronensaft

ZUBEREITUNG:

● | Erst einmal bereite ich Kräuterbutter zu: Ich hacke die Petersilienblätter und schneide den Estragon und den Kerbel fein. Den Knoblauch ziehe ich ab, blanchiere ihn und gebe ihn durch die Presse. Alles vermische ich gut mit der zimmerwarmen Butter, salze, pfeffere und schmecke mit einem Spritzer Zitronensaft ab. ● | Ich würfele dann den Speck. Das bratfertige Lammcarré wasche ich ab und tupfe es mit Küchenpapier schön trocken. Dann erhitze ich Olivenöl in der ofenfesten Pfanne und gebe den Speck hinein. Schön heiß werden lassen. Das Carré bestreue ich mit Salz und Pfeffer aus der Mühle und brate es kräftig an. Wenn das Fleisch goldbraun ist und die Fettschicht souffliert, hole ich das Carré aus der Pfanne, vorsichtig und ohne mit der Gabel reinzupiksen, und lege es auf einen Gitterrost. ● | Speck herausnehmen und den Sud mit 250 Milliliter Lamm- oder Gemüsefond ablöschen. Etwas einköcheln lassen, dann den Rost mit dem Fleisch draufstellen – so kann es abkühlen, und der Jus tropft in die Soße. ● | Das abgekühlte Lammcarré bestreiche ich oben schön regelmäßig mit der Kräuterbutter und lasse nur ein bis zwei Teelöffel für die Soße nach. Ich lege eine Pfanne mit frischem Thymian aus, setze das Carré drauf und gare es etwa 25 Minuten bei 220 Grad (Umluft 200 Grad, Gas Stufe 5) im Ofen. Vier halbierte Tomaten kommen dazu: leicht gesalzen, gepfeffert, mit einem Mix von Semmelbröseln und geriebenem Parmesan bestreut und mit ein paar Tropfen Olivenöl beträufelt. Herrlich! ● | Für die Soße lasse ich den Fond noch einmal aufkochen, rühre zwei Esslöffel Butter und den Rest Kräuterbutter drunter und serviere alles schön heiß. Bon appétit – genießen Sie's!

Osterlamm und Osterfladen

Neben den Eierspeisen hat sich zu Ostern – aufgrund der oben dargestellten biblischen Bezüge – vor allem der Verzehr von Lammgerichten eingebürgert.

Wer sich kein Fleisch leisten konnte, hatte wenigstens die Möglichkeit, sich ein *Osterlamm* zu backen. Entsprechende mit Puderzucker bestäubte oder mit Zuckerguss überzogene Gebildbrote, die meistens ein rot-weißes Fähnchen tragen, gibt es auch heute noch in unseren Bäckereien und Konditoreien zur Osterzeit zu kaufen. Neben dem Osterlamm wurden auch süße *Osterfladen* – gelegentlich mit einem Ei in der Mitte – gebacken, die an das Brot erinnern sollen, das Jesus mit seinen Jüngern beim Abendmahl brach und teilte. Über diesen Zusammenhang zwischen dem Lamm und dem sogenannten Himmelsbrot hat Martin Luther 1524 das Lied »Christ lag in Todesbanden« gedichtet und vertont, in dem die Strophen 5 und 7 ursprünglich lauteten:

Hie ist das rechte Osterlam / Davon Gott hat gebotten / Das ist an des creutzes stam / In heisser lieb gebraten: Deß blut zeichnet unser thür / Das helt der glaub dem todte für / Der würger kann uns nit rühren / Halleluja.
Wir essen und leben wol / In rechten osterfladen / Der alte sawerteig nicht sol / Seyn bey dem Wort der gnaden / Christus will die koste sein / Und speisen die seel allein / Der glaub wil keins andern leben / Halleluja.

MARTIN LUTHER

Ein Osterfladen zu pachen

Nembt 3 air macht ein poden wie Sonnst. Nembt darnach 12 air vnd klopft sy wol thut ein geribenß Semel mel darein wie zue einem belsterlein das er nit zu starckh sey vnd ein ½ h weinperla vnndt Meye schmaltz schyde es auf den podenn der gewelgerdt ist pachest resch herab so ist er recht.

Übersetzung:
Nimm 3 Eier und mache einen Boden wie immer. Nimm dann 12 Eier und rühre sie sorgfältig. Gib geriebens Semmelmehl dazu, wie bei Krapfen, damit der Teig nicht zu dick wird. Füge ½ Pfund Weinbeeren und frische Maibutter hinzu (die galt als besonders schmackhaft), gib es (die Masse) auf den Boden, der dünn ausgerollt ist und backe es (den Kuchen), bis er knusprig ist, dann ist er fertig.

OSTERKUCHEN, GERMANISCHES NATIONALMUSEUM NÜRNBERG, HS 15039 (16. JH.)

Christas Gebackenes Osterlamm

ZUTATEN:

FÜR EINE FORM VON
ETWA 700 BIS 800 ML INHALT
· 125 g weiche Butter
· 125 g Zucker
· 1 Vanilleschote
· 1 Prise Salz
· Abrieb von
  1 ungespritzten Zitrone
· 1 EL Batida de Coco
· 3 kleine Eier
· 100 g Weizenmehl
· 50 g Kokosflocken
· Puderzucker
  zum Bestäuben
· evtl. 80 g Kokosflocken
· grüne Lebensmittelfarbe

ZUBEREITUNG:

● | Den Backofen auf 180 Grad C vorheizen. ● | Die Lämmchenform mit flüssiger Butter ausfetten und mit etwas Mehl ausstreuen (überschüssiges Mehl abklopfen). Die restliche Butter mit dem Schneebesen des Handrührgeräts schaumig rühren. Die Schale von der Zitrone abreiben, die Vanilleschote mit einem spitzen Messer aufschneiden und das Mark herauskratzen. Den Zucker mit dem Vanillemark, dem Zitronenabrieb und dem Salz dazugeben und so lange rühren, bis sich der Zucker gelöst hat. Danach die Eier einzeln nach und nach unterrühren und den Batida de Coco dazugeben. Das Mehl sieben und dazugeben. Die Kokosflocken in einer Pfanne ohne Fett leicht anrösten, abkühlen lassen und unter den Teig heben. Den Teig vorsichtig in die Lammform geben, etwas aufklopfen, damit die Form auch gefüllt wird, und ca. 40 Minuten backen. Das Lämmchen in der Form abkühlen lassen, dann aus der Form nehmen und völlig erkalten lassen. Zum Schluss mit gesiebtem Puderzucker bestreuen. ● | Möchte man das Osterlamm auf einer »grünen Wiese« präsentieren, kann man ca. 80 g Kokosflocken mit grüner Lebensmittelfarbe einfärben. | → *Abbildung S. 163*

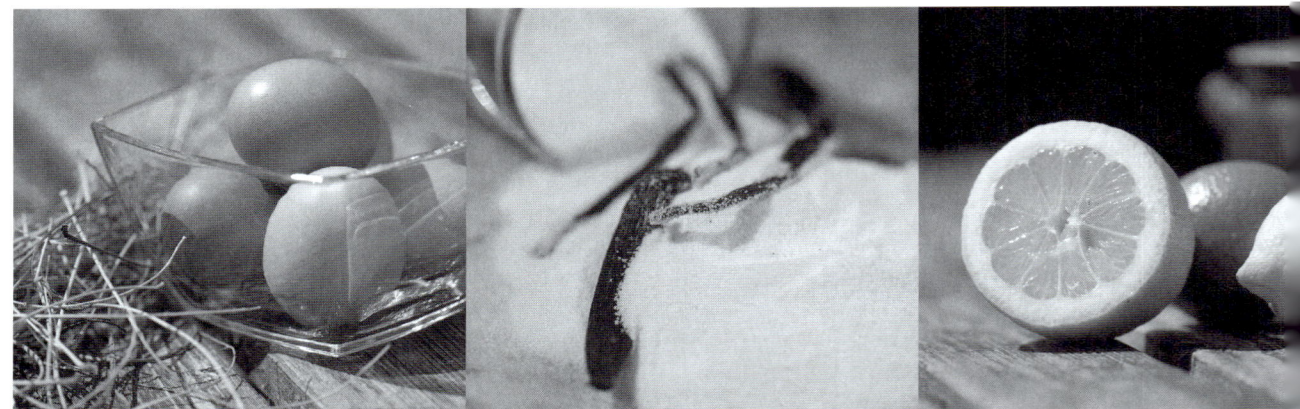

Der Osterhase

Diese Fruchtbarkeit ließ ihn zudem zum Sinnbild des Lebens werden, das den (Winter-) Tod überdauert. In dem Zusammenhang steht sicher auch, dass der Hase als Symbol der Auferstehung verstanden wurde, weil man meinte, dass er nicht schlafe, da er keine Augenlider hat. Eine andere christliche Interpretation des Hasen bietet das »Drei-Hasen-Bild«: Drei Hasen laufen im Kreis, dabei bilden ihre sechs Löffel, von denen nur drei dargestellt sind, ein Dreieck, das als Sinnbild für die göttliche Dreieinigkeit verstanden wurde. Dieses Motiv fand sich auf zahlreichen Ostereiern und in Kinderbuchillustrationen. Die bekannteste Abbildung kann man im Kreuzgang des Paderborner Doms betrachten.

Was hat es nun aber mit dem Osterhasen auf sich? Der Osterhase als Eierbringer ist seit dem 17. Jahrhundert aus dem Elsass belegt. Der Zusammenhang von Hase und Eiern geht jedoch schon aus einigen Versen in dem Jugendwerk »Aller Praktik Grossmutter« (1572) des Dichters Johann Fischart von Straßburg hervor: »Sorg nicht, dass dir der Has vom Spieß entlauf, haben wir nicht die Eier, so braten wir das Nest«. Aber erst seit Beginn des 19. Jahrhunderts setzte sich der Osterhase allmählich durch. Vor dem Hasen galten in unterschiedlichen Regionen Hahn, Storch, Fuchs und Kuckuck als Eierbringer. Vermutlich hat sich der Hase ihnen gegenüber aufgrund seiner Fruchtbarkeit behauptet, die am ehesten der Frühlingssymbolik entspricht.

Christi Himmelfahrt

Nach dem Lukasevangelium bildet die Himmelfahrt Christi das Ende der Erscheinungen des Auferstandenen (Lukas 24,51) und beschließt somit die Osterereignisse. Dabei ist der Begriff »Himmelfahrt« symbolisch zu verstehen: er meint theologisch die Erhöhung Jesu in die Herrlichkeit Gottes, wo er, zur Rechten des Vaters sitzend, Anteil an dessen allmächtiger Herrschaft hat, bis er eines Tages wiederkommen wird, um das Reich Gottes zu vollenden.

Das Motiv des Aufstiegs zum Himmel ist übrigens schon von der Hebräischen Bibel her, z. B. vom Aufstieg Elijas zum Himmel (2 Könige 2,1.11), bekannt. In seiner Apostelgeschichte stellt Lukas die Himmelfahrt Christi als ein eigenes, von Ostern zeitlich getrenntes Ereignis dar. Aus dieser Erzählung ergibt sich auch die Datierung von Himmelfahrt als dem 40. Tag nach Ostern: »Ihnen hat er nach seinem Leiden durch viele Beweise gezeigt, dass er lebt; vierzig Tage hindurch ist er ihnen erschienen und hat vom Reich Gottes gesprochen« (Apostelgeschichte 1,31). Das Himmelfahrtsfest wird das erste Mal im Jahr 325 bei Eusebius von Cäsarea erwähnt. Später hat man die Himmelfahrt Christi in Gottesdiensten dadurch zu veranschaulichen versucht, dass man eine Christusfigur an Seilen im Kirchenraum nach oben bis durch eine Luke im Gewölbe des Kirchenschiffs gezogen hat; danach wurden eine brennende Teufelsfigur sowie Heiligenbildchen oder Blumensträußchen oder sogar Oblaten hinuntergeworfen. In Tirol erinnern seit der Mitte des 16. Jahrhunderts Prozessionen mit Figuren und Bildern von Heiligen an dieses Fest. In ländlichen Gegenden hat sich der Himmelfahrtstag mit dem Brauch von Flurprozessionen und Bittgängen für eine gesegnete Ernte verbunden. Vereinzelt bürgerten sich für diesen Tag *Geflügelgerichte* ein. In seinem »Weltbuch« von 1534 legt Sebastian Franck dieses Brauchtum dar:

»Bald darauff folgt das fest der Auffart Christi / (daran yedermann voll ist / vnnd eyn gef[l]ügel essen muß / weiß nit warumb/) da zeucht man das erstanden bild / so dise zeit auff dem altar gestanden ist / vor allem volck zu dem gewelb hinein / vnnd würfft den teüfel eyn scheützlich bild anstatt herab / in den schlagen die vmbstenden knaben mit langen gerten biß sy in vmbringen. Daruff wirfft man oblat[en] vom hymel herab/zu bedeüten das hymel brot.«

SEBASTIAN FRANCK

Gefüllte Täubchen

ZUTATEN:

- 6 Tauben
- 150 g Speck
- 1 Eßl. Salz
- Prise Pfeffer

ZUM FÜLLEN:

- 3 Brötchen
- 3 Eier
- ½ Eßl. Salz
- 1 Eßl. in 20 g Butter
  gedämpfte Zwiebel
  und Petersilie
- Prise Pfeffer

ZUM BRATEN:

- ¼ Pfd. Fett
- 1 Zwiebel
- ⅛ l Fleischbrühe.

ZUBEREITUNG:

Junge Täubchen werden sofort nach dem Töten gerupft, ausgenommen und 1–2 Tage abgehängt. Bei der Zubereitung werden sie gesengt, ausgewaschen und mit dem Zeigefinger die Haut von der Brust bis zu den Flügeln gelöst. Für ein Täubchen wird mit einem halben Brötchen, das man eingeweicht, ausgedrückt und verzupft hat, ½ Ei, Salz, Pfeffer und Muskat, dem verwiegten Magen und Herz eine Fülle bereitet, damit die Brusthaut gefüllt, das Täubchen zugenäht und dressiert. Man brät die Täubchen, nachdem man die Brust nach Belieben mit Speckscheiben umhüllt hat, in mittelheißem Ofen etwa ½ Std. Der Beiguß wird entfettet, durch ein Sieb gegossen und die Täubchen beim Anrichten in Hälften geteilt. Alte Tauben, welche man an dem harten Brustbein erkennt, können nicht gebraten werden.

KOCHBUCH DER HAUSHALTUNGS- UND KOCHSCHULE DES BADISCHEN FRAUENVEREINS, KARLSRUHE 1918

Eine kräftige Hühnersuppe

ZUBEREITUNG:

Man nimmt ein rein und schön zusammengerichtetes Huhn (eine alte Henne ist noch besser) und läßt es im Wasser so lange sieden, daß man es gut transchieren kann. Dann wird das Brustfleisch abgeschnitten und zurückgelegt. Der übrige Teil des Huhns, der Magen, ein Kalbsherz und Brieß werden in Stücke geschnitten, in einen Topf gethan, der einen reichlichen Liter Wasser faßt; auch läßt man eine Blume Muscatenblüthe mitkochen, und salzt es ein wenig. Der Deckel des Topfes muß gut darüber passen, und wird noch überdies mit Papier verklebt. Nachdem das Huhn mehr oder weniger alt ist, muß Alles 2–3 Stunden auf Kohlen kochen. Dann läßt man es stehen, bis die Brühe hell abgegossen werden kann. Vom Brustfleisch kann man einige Stücken ganz lassen, das Übrige wird gehackt, mit Eiern, geriebenem Brot und etwas Butter vermengt, kleine Klöse davon formirt, und diese in anderer Fleischbrühe gesotten, damit die Hühnerbrühe nicht trübe wird. Letztere wird über gebähtes Brot, über die Klöse und das Brustfleisch angerichtet.

NÜRNBERGER KOCHBUCH, 1886

Ente auf französische Art

ZUBEREITUNG:

Man hackt die Leber mit etwas Speck und Schalotten, macht sie mit in Wasser ausgedrücktem Weißbrot, 2 Eiern, Muskat und Salz zu einer Farce, füllt damit die Ente und näht sie zu. Dann legt man Butter oder Speck in einen Topf, darauf eine Handvoll Petersilie, 3–4 ganze Zwiebeln und einige Skorzoner- [Schwarzwurzeln] oder gelbe Wurzeln, läßt die Ente darin gar und gelbbraun werden, rührt etwas geschwitztes Mehl, kochendes Wasser und ein wenig Essig, auch nach Belieben ein Stückchen Zucker an die Sauce und läßt die Ente noch einige Minuten darin schmoren.

HENRIETTE DAVIDIS, ILLUSTRIERTES PRAKTISCHES KOCHBUCH FÜR DIE BÜRGERLICHE UND FEINE KÜCHE, NEU BEARBEITET VON HELENE FABER, 19. JH.

Entenbrustfilets
nach Lea Linster

Entenbrustfilets

FÜR VIER PERSONEN
· 2 Entenbrustfilets
  (Magrets) à etwa 350 g
· 15 g grob zerstoßener
  schwarzer Pfeffer
· Salz

ORANGENZESTEN:
· 1 Bio-Orange
· 30 g Zucker
· 20 ml Essig

SOSSE:
· 1 EL brauner Zucker
· 1 Orange
· 1 Zitrone
· 200 ml Enten-/Hühnerfond
· 1–2 EL Balsamico
· 1 EL Orangenzesten
· Salz

ZUBEREITUNG:

● | Zuerst schäle ich eine feste Orange und entferne die weiße Haut mit dem Messer: Die Schale schneide ich in ganz feine Streifen und blanchiere sie dreimal. Dann lasse ich die Zesten mit dem Saft der Orange, Zucker, Essig und einem halben Liter Wasser etwa eine Stunde auf kleiner Flamme kandieren. Ich hebe sie dann heraus und hacke sie fein. ● | Nun schneide ich die Magrets rundherum schön gerade und entferne überflüssiges Fett. Die Haut schneide ich mit einem scharfen Messer wie ein Schachbrett ein, ohne ans Fleisch zu kommen. Dann mit der Hautseite in den groben Pfeffer drücken. ● | Ich brate die Entenbrustfilets in einer Pfanne auf der Hautseite sanft an, nehme höchstens etwas Öl dazu. Nach etwa sechs Minuten ist das Fett rausgelaufen und die Haut wird knusprig. Ich salze die Fleischseite mit gutem Meersalz und stelle die Pfanne mit dem Fleisch für fünf bis zehn Minuten in den warmen Ofen – das Entenfleisch soll innen rosa bleiben. Anschließend hebe ich die Magrets aus der Pfanne und lasse sie auf einem angewärmten Teller ein paar Minuten ruhen, diesmal mit der Hautseite nach oben. So werden sie noch zarter. Voilà!

● | Für die Soße lasse ich den Zucker mit einem Esslöffel Wasser in der Pfanne schmelzen und zu hellbraunem Karamell werden. Ich lösche mit dem Saft der Orange und der Zitrone ab und lasse alles ganz einkochen. Enten- oder Hühnerfond dazugeben und nochmals zur Hälfte reduzieren. Zum Schluss gebe ich den Balsamico und einen Esslöffel von den Orangenzesten dazu und schmecke mit Salz ab. ● | Zum Servieren schneide ich einige Orangenfilets, ohne Haut natürlich. Dazu lege ich die Magrets, in ein Zentimeter dicke Scheiben geschnitten.

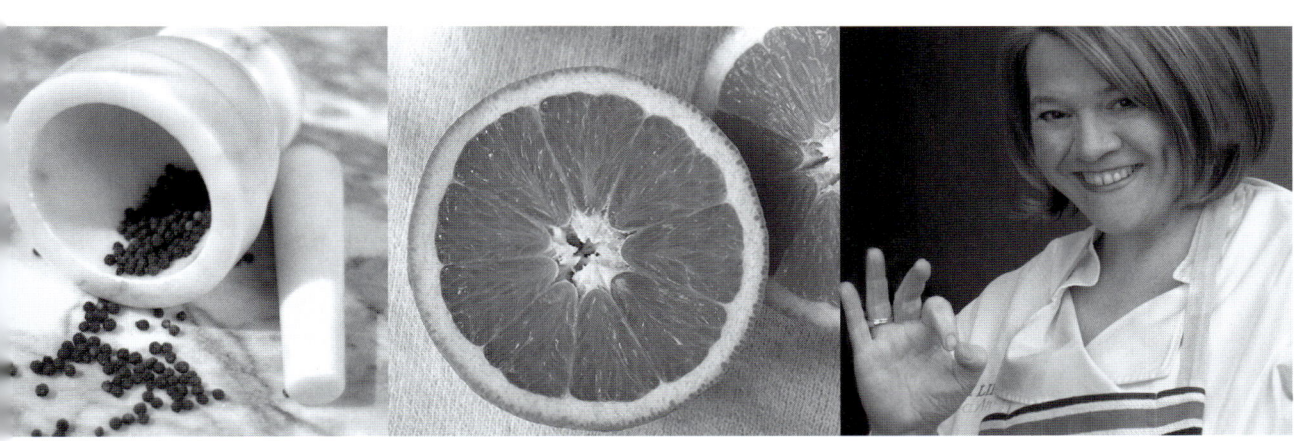

Pfingsten

Pfingsten ist das Fest der Ausgießung des Heiligen Geistes und zugleich das Gründungsfest der christlichen Kirche. Das Pfingstwunder wird in der Apostelgeschichte des Lukas (Apostelgeschichte 2,1–12) berichtet: es waren Menschen unterschiedlicher Volksstämme beieinander, die plötzlich vom Himmel her ein stürmisches Brausen wahrnahmen und unvermittelt vom Heiligen Geist ergriffen wurden.

Durch dessen Kraft wurden sie befähigt, in fremden Sprachen zu sprechen, so dass sie alle einander verstehen, sich also untereinander verständigen und Gott gemeinsam loben konnten. Das Wort Pfingsten kommt vom altgriechischen Begriff *pentekoste,* was so viel wie »der Fünfzigste« bedeutet: Fünfzig Tage nach Ostern wird Pfingsten gefeiert. Die Datierung des Pfingstfestes hängt vom Datum des Osterfestes ab: es kann frühestens auf den 10. Mai und spätestens auf den 13. Juni fallen. Seine Wurzeln hat Pfingsten im jüdischen Wochenfest *Schawuot*. Sieben Wochen, nachdem die Gerstengaben am Pessachfest auf dem Altar Gott geopfert wurden, wird die erste Weizenernte auf einer Pilgerfahrt nach Jerusalem gebracht und dort geweiht. Gefeiert wird zu-gleich die Offenbarung der Tora auf dem Sinai sowie die Erwählung Israels zum Volk Gottes (vgl. Levitikus 23,15–17). Die Synagogen und Häuser werden mit Blumen und frischem Grün geschmückt; ähnlich ist es in christlichen Regionen üblich, nicht nur am ersten Mai, sondern auch zu Pfingsten junge Bäume vor den Häusern aufzustellen.

»Fünfzig Tage lang gehen wir in der Osterzeit den Auferstehungsweg, damit die Auferstehung sich immer tiefer in unser Leben einprägt. An Pfingsten will die Fülle des Lebens dann in uns aufblühen. Pfingsten ist die Verheißung, dass wir durch den Geist Gottes wahrhaft frei geworden sind, dass alles in uns sich in Freiheit der Fülle Gottes öffnet.«

ANSELM GRÜN

Entsprechend manchem regionalen Brauchtum, am Himmelfahrtstag eine Christusfigur durch die Decke des Kirchengewölbes hinaufzuziehen, hatte sich an manchen Orten zu Pfingsten die Sitte eingebürgert, aus eben derselben Luke zu Pfingsten eine gelegentlich echte, meistens aber hölzerne Taube als Symbol des Heiligen Geistes zur gottesdienstlichen Gemeinde herabschweben zu lassen, dabei ein Heilig-Geist-Lied zu singen und Weihrauch darzubringen, um sie dann wieder nach oben entschweben zu lassen. Gelegentlich fielen dann auch Blumen und gedörrtes Obst nach unten, was zu Gerangel und Streit unter den Kindern und infolgedessen zu einem kirchlichen Verbot führte. In ländlich bäuerlichen Gegenden gehörte in alten Zeiten die an Pfingsten gemolkene Milch den Mägden, die ihren Burschen mit der »Pfingstmilch« eine Milchsuppe mit Mandeln und Eiern zubereiteten.

Pfingsten ist traditionell die Zeit der Feste und Märkte: Wein- und Volksfeste, Gewerbe-, Handwerker- und Heiratsmärkte. Pfingstspeisen variieren daher stark regional.

Jahreszeitlich fällt Pfingsten in unseren Breitengraden in die Erdbeer- und Spargelzeit.

Erdbeerzeit, Spargelzeit

Das leuchtende Rot der Erdbeeren erinnert an das pfingstliche Rot als Farbe des Heiligen Geistes (Feuerzungen). In der christlichen Überlieferung gilt die Erdbeerpflanze mit den rosenförmigen Blüten, die keine Dornen ausbildet, deren Beeren ohne Kern und Schale sind, die gleichzeitig Früchte und Blüten trägt, als Sinnbild der Rechtschaffenheit. Wenn auf einem Gemälde der christlichen Kunst eine blühende Erdbeerpflanze auftaucht, ist sie als Wahrzeichen frommer und guter Gedanken zu verstehen. Die Erdbeere wurde daher auch zur Begleitpflanze von Maria auf mittelalterlichen Tafelgemälden. Eine alte Legende erzählt, dass Maria einmal im Jahr vom Paradies herabsteige, um Erdbeeren für die verstorbenen Kinder im Himmel zu sammeln.

Erdbeer-Suppe 1784

ZUBEREITUNG:

Man gießt Wein und Zucker auf die Erdbeer nach Belieben, und läßt sie aufwallen, druckt sie durch ein Tuch, alsdann läßt man es wieder aufkochen, Semmelschnitten im Butter oder Schmalz braun geröstet, in die Suppenschale gelegt und die Brühe darüber gegossen, Zucker und Zimmet darauf gestreut, so ist sie fertig; wann man will, bestreiche man den Rand der Schüssel mit Zuckerwasser, und bestreue ihn mit Streuzucker von allerley Farben, es ist schön anzusehen.

WOHLEINGERICHTETES KOCH-BUCH FÜR ALLE LIEBHABER DER KOCHEREY, ZWEYTES BÄNDGEN, HALL IN SCHWABEN, ANNO 1784

Wie die Suppe heute schmeckt:

ZUTATEN:

· 500 g Erdbeeren (Gewicht nach dem Putzen)
· 120 g Puderzucker
· ½ Zitrone
· 250 ml trockener Weißwein
· 2 EL Grand Marnier
· Amaretti
· Eiswürfel

ZUBEREITUNG:

Die gewaschenen Erdbeeren vierteln und in eine Schüssel geben. Den Puderzucker mit dem Saft einer halben Zitrone, 50 ml Weißwein und 2 EL Grand Marnier verrühren und die Erdbeeren darin 20 Minuten marinieren, dabei die Erdbeeren mehrfach in der Marinade wenden. Die Erdbeeren mit der Marinade und weiteren 200 ml des Weins in einen Topf geben, aufkochen und bei ausgeschalteter Herdplatte (E-Herd) ziehen lassen. Die Früchte müssen weich sein. Alles durch ein Passiertuch geben, und die Flüssigkeit nochmals aufkochen lassen. Es ergibt sich ca. ½ l Suppe. Wer es gern süß mag, gibt Amaretti unter die heiße Suppe.

Die Suppe eignet sich, gekühlt und mit Eiswürfeln serviert, auch als herrlicher Erfrischungsdrink.

Spargel in Oel zu braten 1691

ZUBEREITUNG:

In der heutigen Küche ist es aktuell, Spargel zu braten und bissfest anzurichten. Diese Zubereitungsart findet sich übrigens schon in dem Nürnberger Kochbuch von 1691:
Schneidet an einem dicken langen Spargel das Weisse von den Stielen ein
wenig ab / legt ihn eine Stund in ein frisches Wasser / waschet denselben
und schwinget das Wasser wohl davon; thut ein Oel in ein Bratpfaennlein /
machet es warm / leget den Spargel hinein / und last ihn braten daß er
fein haertlich bleibe: dann seihet das Oel herab und besprenget den
Spargel mit Saltz und Pfeffer / schwinget ihn ein wenig darinnen herum /
und schlichtet selbigen in eine Schuessel / giesset von dem Oel / darinnen er gebraten / etwas darueber; setzet ihn auf eine Kohlen / daß er
noch ein wenig aufpratzele / und traget ihn dann schoen warm zu Tisch.

VOLLSTAENDIGES NUERNBERGISCHES KOCHBUCH, NUERN-
BERG 1691

Bratwürstlein ohne Därme

ZUBEREITUNG:

Es wird ein halb Pfund Schweinenfleisch klein gehackt, dann ein 2 Finger
großes Stücklein frischer Speck ganz klein gewürfelt darein geschnitten. Solches wird in einer Schüssel mit dem Rührlöffel wohl gerührt,
dann nach und nach ein Trinkgläslein voll Wasser nebst ein wenig fein
geschnittener Zwiebel, Pfeffer, Ingwer und Salz, und wem beliebt auch
Majoran daran gerührt. Wenn der Teig recht durcheinander gemacht ist,
so wird auf einen Deckel oder Brett Mehl gestreut, jedesmal ein Löffel
voll von dem Gehäcke (Breet) heraus genommen und ein Bratwürstlein,
ohngefähr 2 Finger dick und 1 Finger lang, daraus gemacht. Alsdann wird
Butter oder Schmalz in einer Backpfanne heiß gemacht und die Würst-
lein werden schön gelb darinnen gebacken.

GRÜNDLICHES KOCHBUCH, AUGSBURG 1792

Maibowle

ZUTATEN:

- 1½ l Wein
- 3 Büschel Maikräuter
- 120–150 g Würfelzucker

ZUBEREITUNG:

Zur Herstellung dieser sehr beliebten Bowle empfiehlt es sich, einen leichten Rheinwein zu verwenden; es kann aber auch jede andere Weißweinsorte dazu gebraucht werden. Die Maikräuter sollen etwa 24 Stunden vor der Verwendung gepflückt werden; in halbwelkem Zustande geben sie ein kräftigeres Aroma ab. Beim Pflücken achte man darauf, daß der Waldmeister nicht blüht; auch schneide man ihn möglichst kurz ab, weil die Stengel einen herben Beigeschmack haben. Bei der Zubereitung werden die Kräuter mit einem Faden zusammengebunden und die Sträußchen in den gut zugedeckten Wein gegeben. Nach etwa 10 Min. nimmt man den Waldmeister heraus, gibt nach der Säure des Weines Würfelzucker zu, löst diesen vorsichtig auf, damit der Wein nicht trübe wird und stellt die Bowle kalt. Sie soll eine Temperatur von etwa 10 Grad Celsius haben. Will man sie besonders fein haben, gießt man beim Auftragen eine kleine Flasche Champagner zu. Um auch im Winter Maiwein zur Verfügung zu haben, wird zur Zeit der Maikräuter Maiwein ohne Zucker hergestellt, den man gut verkorkt das ganze Jahr aufbewahren kann. Es empfiehlt sich, zum Ausziehen des Aromas die doppelte Menge Maikräuter zu verwenden, damit man im Winter den Maiwein nach Bedarf strecken kann.

KOCHBUCH DER HAUSHALTUNGS- UND KOCHSCHULE DES BADISCHEN FRAUENVEREINS, KARLSRUHE 1918

Fronleichnam

Zehn Tage nach Pfingsten feiert die katholische Kirche seit dem 13. Jahrhundert das »Hochfest des Leibes und Blutes Christi«, das Fronleichnamsfest. Der Begriff geht auf die althochdeutschen Worte *fron,* »Herr«, und *liknam* oder *lichnam,* »Leib«, zurück und weist auf Jesu Christi leibliche Gegenwart in der Eucharistie hin.

Aufgrund der inhaltlichen Verbindung zur Einsetzung des Abendmahls am Gründonnerstag wurde der Festtermin auf einen Donnerstag gelegt. Während der Gründonnerstag in der Karwoche liegt, in der sich größere Feierlichkeiten verbieten, kann man an Fronleichnam – innerhalb der Pfingstzeit – die Freude über die Einsetzung des Abendmahls und den Sieg Christi über den Tod gebührend feiern.

Im Zentrum dieser Feierlichkeiten steht die Heilige Messe. Darauf folgt eine Prozession, in der die Monstranz mit der geweihten Hostie zu vier prachtvoll geschmückten Außenaltären getragen wird, an denen die Prozession innehält. Die Prozession, das »Wallen« der Gläubigen, symbolisiert das Ziehen durch die Lebenszeit bis zur Heimkehr in Gottes Ewigkeit. Den Abschluss der Fronleichnamsprozession bildet eine gemeinsame Segensandacht.

Die Straßen und Wege der Prozession werden auch heute noch mit Blumen geschmückt; einige Städte haben sich dadurch einen Namen gemacht, dass sie besonders prächtige Blumenbilder gestalten. In Bayern wurde Fronleichnam auch Hoffarts- oder Prangertag genannt, denn die Mädchen erhielten neue weiße Kleider zum Prangen (sich in aller Pracht, also aller Schönheit zeigen). Nach Ende der Prozession gab es dann Jungfernnudeln und Jungfernschmarrn (Fettgebackenes) zu essen.

Jungfernnudeln

- · 1 kg Mehl
- · 60 g Hefe
- · 300 ml Milch
- · 60 g zimmerwarme Butter
- · 4 Eigelb
- · 1 Vanilleschote
- · Abrieb einer
  ungespritzten Zitrone
- · 1 Prise Zucker
- · eine Prise Salz
- · Öl zum Ausbacken
- · 80–100 ml Rum
  zum Beträufeln
- · Puderzucker
  zum Bestäuben

● | Die Hefe in eine Schüssel bröckeln und mit der erwärmten Milch, der Prise Zucker und ein wenig Mehl verrühren. Mit etwas Mehl bestäuben und zugedeckt an einen warmen Ort stellen (bis max. 37 Grad) und aufgehen lassen. Unterdessen die Schale der Zitrone abreiben und mit einem spitzen Messer die Vanilleschote aufschneiden und das Vanillemark herauskratzen. Zunächst das restliche Mehl unter den Hefevorteig mischen, dann Butter, Salz, Eidotter, den Zitronenabrieb und das Vanillemark dazugeben und alles miteinander verkneten. Den Teig solange schlagen, bis er Blasen wirft und sich vom Schüsselrand löst. Den Teig dann an einem warmen Ort zugedeckt noch einmal ½ Stunde lang aufgehen lassen, bis er deutlich an Volumen zugenommen hat. ● | Das Öl in einer hohen Pfanne erhitzen. ● | Aus dem Teig fingerdicke Rollen formen und nach Belieben 5–8 cm lange Stücke davon mit der Schere abschneiden. Die Teigstücke sofort in heißem Öl ringsum goldgelb ausbacken. Mit der Schaumkelle aus dem Fett nehmen, auf Küchenpapier abtropfen lassen, auf einen Teller geben und mit dem Rum beträufeln. Anschließend mit Puderzucker bestäuben und sofort servieren.

Erntedankfest

Kultische Erntefeste hat es in der bäuerlichen Bevölkerung wohl immer gegeben. Bereits in der Hebräischen Bibel wird berichtet, wie Kain »von den Früchten des Ackers dem Herrn ein Opfer brachte« (Genesis 4,3).

Zu den bedeutendsten jüdischen Festen zählen seit biblischen Zeiten Erntefeste zu Beginn und zum Ende der Lese, nämlich *Schawuot,* das Wochenfest und *Sukkot,* das Laubhüttenfest, als Dankfeier für Weizen- und Weinernte. Aus solchen Erntefesten, wie sie als Opferfeste auch von den Griechen und Römern bekannt sind, entwickelten sich im Christentum seit dem 3. Jahrhundert Erntedankfeiern, die zunächst auf keinen einheitlichen Termin festgelegt waren.

Gemäß einem Erlass des Königs Friedrich II. von Preußen im Jahr 1773 wird das Fest in den evangelischen Kirchen Deutschlands am ersten Sonntag nach Michaelis (29. September) begangen. Für die katholische Kirche hat die Deutsche Bischofskonferenz erst 1972 den ersten Sonntag im Oktober für Erntedankgottesdienste festgelegt, deren Feier aber nicht verpflichtend ist. Der Sinn der Erntedankfeiern ist folgender: Wer die Schöpfung mit all ihrer Fülle sowie das eigene Leben als von Gott gegeben ansieht, erkennt darin auch einen Grund, dem Schöpfer für die Vielfalt der Gaben, durch die er täglich satt werden darf, zu danken. Die Erntedankaltäre werden, je nach Region, symbolisch mit Ähren, Brot und Weintrauben sowie Blumen geschmückt, mancherorts werden die Altarräume zudem mit Gemüse und Früchten kunstvoll ausgestaltet. In ländlichen Gegenden folgte dem Gottesdienst früher eine Erntefeier mit Musik und Tanz.

Wir pflügen und wir streuen den Samen auf das Land,
doch Wachstum und Gedeihen steht in des Himmels Hand:
der tut mit leisem Wehen sich mild und heimlich auf
und träuft, wenn heim wir gehen, Wuchs und Gedeihen drauf.

Er sendet Tau und Regen und Sonn und Mondenschein
und wickelt seinen Segen gar zart und künstlich ein
und bringt ihn dann behende in unser Feld und Brot,
es geht durch unsre Hände, kommt aber her von Gott.

Allerheiligen – Allerseelen – Halloween

Allerheiligen ist ein Hochfest der katholischen Kirche, an dem aller Heiligen gedacht wird: sowohl derer, die offiziell heiliggesprochen worden sind, als auch all derer, »um deren Heiligkeit niemand weiß als Gott«.

Die Wurzeln des Allerheiligenfestes liegen in einer Gedenkfeier für Märtyrer, die bereits im 4. Jahrhundert in Syrien und Griechenland bekannt war und am ersten Sonntag nach Pfingsten begangen wurde. In den orthodoxen Kirchen ist dieser Termin für das Allerheiligenfest erhalten geblieben.

Papst Gregor IV. verlegte den Termin im Jahr 835 auf den 1. November. Die Gründe für diese Datierung weisen nach Irland und gehen vermutlich auf das keltische Neujahrsfest *Samhain* zurück, das bereits seit 500 v. Chr. am 31. Oktober gefeiert wurde. Nach dem Verständnis der irischen Kelten war das Jahr in zwei Zeiten eingeteilt: in den Sommer und den Winter. Mit dem 31. Oktober endete der Sommer: Die Ernte musste eingefahren und Vorräte für den Winter bereitgestellt sein. So wurde *Samhain* sowohl als Erntedankfest gefeiert wie zugleich als Übergang von dem fruchtbringenden Sommer hin zu der Dunkelheit des Winters mit ausgelassenen Festen begangen.

Samhain galt auch als der keltische Gott der Toten, den man mit Feiern und Opfergaben ehren sollte. Daher wurde am 31. Oktober auch der Verstorbenen gedacht. Nach keltischer Vorstellung stiegen ihre Seelen in dieser Nacht als Geister in die reale Welt hervor, um allerlei Schaden anzurichten und vor allem die Lebenden zu erschrecken und zu belästigen. Diese wiederum stellten Opfergaben, sogenannte *soul cakes* vor die Tür, um die Geister zu beschwichtigen. Durch die Opferrituale hatte das Fest ursprünglich also einen spirituellen Charakter. Zudem entwickelte sich der Brauch, sich mit Hilfe von Masken und Kostümen zu verkleiden, damit die Geister einen nicht erkannten.

Der katholischen Kirche waren die heidnischen Sitten ein Dorn im Auge. Von daher versuchte Papst Gregor IV. wohl mit der Datierung des Allerheiligen-Festes auf den 1. November dem Samhainkult ein christliches Gewand zu geben. Der Ausdruck »Halloween« leitet sich von dem Begriff »All Hallows Evening« her – der »Abend vor Allerheiligen«. Am Vorabend von Allerheiligen entwickelten sich im Mittelalter dann Heischebräuche: Man bekam ein Stück »Seelenkuchen« – ein Stück Hefekuchen mit Rosinen oder Korinthen – wenn man versprach, für die verstorbenen Angehörigen zu beten. Besonders typisch für die schwäbische Region sind die salzigen Seelenbrote, die es inzwischen das ganze Jahr über gibt.

Seelen

ZUTATEN:

ZUBEREITUNG:

FÜR 8 BIS 10 STÜCK
· 500 g Mehl
· ⅛ l Milch
· ⅛ l Wasser
· 30 g Hefe
· 1 Prise Zucker
· 130 g weiche Butter
· 2 TL Salz
· Kümmel
· grobes Salz

● | Das Mehl in eine Schüssel sieben, in die Mitte eine Mulde drücken. Die Hefe in einen Becher bröseln, eine Prise Zucker dazugeben, die Milch erwärmen, die Hefe in der Hälfte der Milch auflösen und in die Mulde geben. Mit etwas Mehl verrühren. Mit einem Tuch bedeckt ca. 20 Minuten an einem warmen Ort gehen lassen. ● | In der restlichen Milch die Butter zerlassen und das Salz dazugeben. Die Mehl-Hefemischung mit den Knethaken des Rührgeräts durchkneten. Dabei langsam die Butter-Milch-Mischung und das Wasser dazugeben. Den Teig etwa ¼ Stunde lang durchkneten, bis er Blasen wirft und sich vom Schüsselrand löst; zugedeckt noch 1 bis 2 Stunden gehen lassen. ● | Den Backofen auf 200 Grad C (Umluft 180 Grad C, Gas Stufe 3 bis 4) vorheizen. Ein Backblech mit Backpapier auslegen. Den Teig mit den Händen noch einmal gut durchkneten und daraus 8–10 tennisballgroße Kugeln formen; diese zu langen Stangen ausziehen, die in der Mitte dicker sind und an den Enden spitz zulaufen. Die Teigstangen auf das Backblech legen, mit Kümmel oder auch zusätzlich mit grobkörnigem Salz bestreuen und noch 15 Minuten gehen lassen. Die Teigstangen 25 Minuten im Ofen backen.

Mit Messen und Friedhofsbesuchen wird am 1. und 2. November das Andenken der Heiligen geehrt und der Toten gedacht. An diesen Tagen ist es üblich, die Gräber der Verstorbenen zu besuchen, mit Blumen zu schmücken und ein »ewiges Licht« aufzustellen. Aus dieser Sitte hat sich ein bereits im heidnischen Totenkult wurzelndes Brauchtum entwickelt. So hoffte man, durch Fürbitten, Fasten, Messopfer, das Schmücken der Gräber, durch Almosen und gute Werke die Qualen der Verstorbenen im Fege- feuer zu lindern und umherirrende Seelen zur Ruhe bringen zu können. Kirchlicherseits be- stätigt wurden diese Brauchformen durch das Konzil von Trient (1563).

Als gute Tat verstanden wurde, wenn an diesem Tag Arme, Nonnen, Mönche und Patenkinder mit allerlei Gebäck, wie zum Beispiel mit Seelen- broten, Gebildbroten oder Mürbegebäck be- schenkt wurden. Von diesem Brauchtum her ist es bis heute üblich, an Allerseelen süßes Gebäck herzustellen.

»Sabina hatte ihre Arbeit eine Zeitlang unterbrochen und half ihren reichen Verwandten beim Backen von Brot und Dolci, die jede Nuoreser Hausfrau, die etwas auf sich hält, für das Allerheiligenfest zubereitet. Schon im Morgengrauen machte Maria Feuer, setzte den Sauerteig an und stellte Mandeln, Most und Honig bereit [...] Gegen Abend hörten die Frauen mit ihrer Arbeit auf; das Brot und die Dolci legten sie in einen Asphodeloskorb. Die warme Küche roch nach Most und Rosinen.«

ZIA MARIA, ROMAN EINER LIEBE (1896)

Mandelspäne auf Oblaten

ZUTATEN:

- 250 g abgezogene, gewaschene, mit einem Tuche abgetrocknete und in Streifen geschnittene Mandeln
- 200 g Zucker
- 2 Eiweiß
- etwas geriebene Zitronenschale
- Zimt
- 2 gestoßene Nelken und 1 Eßlöffel voll Orangenblütenwasser

ZUBEREITUNG:

Nachdem man Eiweiß, Zucker, Gewürz und Orangenblütenwasser zu einer dicken Masse gerührt und mit den Mandeln vermischt hat, wird der Teig messerrückendick auf Oblaten gestrichen, solche in fingerlange, zwei Finger breite Stücke geteilt, bei schwacher (3 Grad) Hitze gebacken.

HENRIETTE DAVIDIS, ILLUSTRIERTES PRAKTISCHES KOCHBUCH FÜR DIE BÜRGERLICHE UND FEINE KÜCHE, NEU BEARBEITET VON HELENE FABER, 19. JH.

Altem christlichem Volksglauben nach stiegen die Seelen der Verstorbenen an Allerseelen aus dem Fegefeuer zur Erde auf, um für einen Tag von den Höllenqualen auszuruhen. Man stellte den armen Seelen Speise und Trank (Milch, Wasser, Brosamen) hin und richtete im Haus alles so ein, dass sie sich erholen, von den Brandwunden kühlen – oder bei erlittener »kalter Pein« am Herdfeuer wärmen konnten.

»Da wird in der Steiermark an diesem Tag keine Tür und kein Tor etwa gewaltsam zugeschlagen, aus Furcht, eine arme Seele zu zerquetschen. Da wird kein Messer auf dem Rücken, kein Rechen mit der Zinken nach oben liegen gelassen, aus Vorsicht, daß nicht irgendeine arme Seele darüber stolpere, sich ritze oder schneide. Auch darf an diesem Tag keine leere Pfanne über dem Feuer stehen, damit sich nicht unversehens eine arme Seele hineinsetze und elend verbrenne. Ferner ist es unstatthaft, einem Frosch oder einer Kröte etwas zuleid zu tun, da man nicht wisse, ob nicht eine arme Seele in Gestalt dieser Tiere an ihrem Tage sichtbar werde.«

PETER ROSEGGER (1843–1918)

Ihren Ursprung haben diese Vorstellungen in einer alten jüdischen Legende, nach der die Seelen jeden Freitagabend aus der Sheol, der höllischen Unterwelt der Sünder, für den Sabbat freigelassen wurden. Da man die Vorstellung hatte, dass die armen Seelen dann in einem fließenden Wasser sitzen, um sich von der Marter zu kühlen, tranken fromme Juden am Sabbat kein Wasser, um den Wasserspiegel nicht zu senken und den Gequälten nicht die Erquickung zu mindern. Durch irische Auswanderer gelangte das keltische Brauchtum des Totenfestes in den 1840er Jahren in die Vereinigten Staaten und gewinnt seit einigen Jahren auch in Deutschland an Popularität. Oft wird »Halloween« allerdings – ohne jeden spirituellen Hintergrund – als reine Gruselparty verstanden.

Die Legende von Jack O'Lantern

Eine alte Legende erzählt: Vor langer Zeit lebte in Irland ein alter, geiziger Hufschmied, der Jack hieß. An einem Abend vor Allerheiligen saß er einmal wieder in der Kneipe, als der Teufel kam um ihn zu holen. Da bat Jack ihn, ihm ein Bier zu spendieren. Der Teufel willigte ein; Jack trank sein Bier, doch als es ans Bezahlen ging, stellte der Teufel fest, dass er keine Münzen dabei hatte. Aus dieser Verlegenheit heraus verwandelte er sich in eine Sixpence-Münze. Hastig griff Jack danach und steckte es in seine Geldbörse. Da er darin auch ein kleines silbernes Kreuz verwahrte, war es dem Teufel nicht möglich, sich zurückzuverwandeln. Jack verhandelte mit dem Teufel: wenn er ihn noch zehn Jahre leben ließe, würde er ihn freilassen. Dem Teufel blieb gar nichts anderes übrig als auf den Handel einzugehen. Zehn Jahre später, wiederum am Abend vor Allerheiligen, erschien der Teufel ein zweites Mal bei Jack, um ihn zu holen. Wiederum hatte Jack eine Bitte: Er würde so kurz vor seinem Tod gerne noch einen Apfel essen. Der Teufel ging darauf ein und kletterte sogar selbst in den Apfelbaum, um ihm einen frischen Apfel zu pflücken. Schnell zog Jack sein Messer hervor und schnitzte ein Kreuz in die Rinde des Baumes. ›Was verlangst du dieses Mal‹, fragte der Teufel wütend. ›Dass du mich ganz in Ruhe lässt‹, forderte Jack. Als der Teufel ihm das Versprechen gegeben hatte, entfernte Jack das Kreuz aus der Rinde, so dass der Teufel verschwinden konnte. Als Jack viele Jahre später starb, begab er sich zum Himmelstor und bat um Einlass. Da er jedoch zu vielen Menschen gemein und hinterhältig gewesen war, wurde er abgewiesen. Also machte er sich zur Hölle auf. Da der Teufel ihm aber versprochen hatte, ihn nicht zu holen, wurde ihm auch dort der Eintritt verwehrt. Der Teufel schickte ihn fort, doch weil es zwischen Himmel und Hölle kalt und windig war, bekam er Mitleid mit Jack. Er nahm ein Stück glühender Kohle aus dem Höllenfeuer und gab es dem Armen. Doch die Kohle war so heiß, dass Jack sie kaum anfassen konnte. Er nahm eine Rübe aus der Tasche, die er sich als Wegzehrung eingesteckt hatte, höhlte sie geschwind mit einem Messer aus und legte die Kohle hinein. Seitdem geistert Jack mit seiner Laterne am Abend vor Allerheiligen durch die Nacht.

Schon bald entstand auch in den Vereinigten Staaten für die Kinder ein Heischebrauch: Mit dem Ruf »Trick or Treat« (Süßes oder Saures) ziehen sie von Haus zu Haus, um Süßigkeiten zu ergattern; denen, die eine solche Gabe verweigern, wird ein Streich gespielt.

Christas Kürbisschaumsüppchen

ZUTATEN:

FÜR 4 PERSONEN
· 1 kg Kürbis,
  am besten Hokkaido
· 2 kleine Schalotten
  (ca. 40 g)
· 1 Knoblauchzehe
· 30 g frischer Ingwer
· 1 rote Chilischote
· 1 Zweig Rosmarin
· 2 Zweige Thymian
· 30 g Butter
· 500 ml Gemüsefond
· 200 ml Weißwein
· 2 TL Salz
· 2 TL Zitronensaft
· 1 Prise Cayennepfeffer
· 150 ml Sahne
· Einwegbeutel oder
  Filtertüte und Küchengarn
  für die Kräuter.

FÜR DIE GARNITUR:
· 2 EL Kürbiskerne
· 1 EL Kürbiskernöl
· 2 EL Crème fraîche
· 2 TL gehackte Petersilie

ZUBEREITUNG:

● | Den Kürbis aufschneiden, die Samen entfernen, die Schale dünn abschneiden und das Fruchtfleisch in Stücke schneiden. Die Schalotten, den Knoblauch und den Ingwer ebenfalls schälen und würfeln, die Chilischote waschen, aufschneiden, entkernen (Handschuhe!) und zerkleinern. ● | Die Butter in einem großen Topf erhitzen und die Schalotten- und Knoblauchwürfel darin anschwitzen. Den Kürbis, die Chilischote und den Ingwer dazugeben und kurz mit anschwitzen. Mit Gemüsefond und Wein ablöschen und alles einmal aufkochen lassen. Die Hitze reduzieren. Die Kräuter (Rosmarinnadeln, Thymianblättchen) in Einwegbeuteln (ersatzweise in eine Kaffeefiltertüte geben und mit Küchengarn zubinden) in den Sud hängen und mit köcheln lassen. ● | In der Zwischenzeit die Kürbiskerne in einer Pfanne bei mittlerer Hitze – ohne Fettzugabe – anrösten. ● | Nach ca. 15 Minuten gesamter Garzeit den Kräuterbeutel aus dem Topf nehmen und die Suppe pürieren. Die Sahne unterrühren und alles noch einmal kurz aufkochen lassen. Mit Salz, Cayennepfeffer und Zitronensaft abschmecken. Die Suppe mit dem Stabmixer aufschäumen. ● | Die Suppe in Suppenschalen füllen, jeweils einen TL Crème fraîche daraufgeben, mit den Kürbiskernen, Petersilie und einigen Tropfen Kürbiskernöl garnieren.

Schokoladetrüffeln

250 g Schokolade, 250 g Puderzucker, 1 Eßl. Butter und 1 Eßl. Rum oder Rosenwasser werden auf mäßig warmer Herdstelle zu geschmeidiger Masse gerührt und erkalten gelassen. Davon abgesteckte, klein-walnußgroße, unregelmäßige Formen werden in grobgeraspelter Schokolade gewälzt und auf Brett liegend, lufttrocken werden gelassen.

DAVIDIS-SCHULZE, DAS NEUE KOCHBUCH FÜR DIE DEUTSCHE KÜCHE, 1937

Sankt-Martins-Tag

Am 11. November wird in der katholischen Kirche des heiligen Martin gedacht. Anfang des 4. Jahrhunderts war Martin in der römischen Provinz Sabaria an der Donau geboren worden. Aufgrund eines kaiserlichen Edikts, nach dem die Söhne von Berufssoldaten in die römische Armee eingezogen wurden, diente er – gegen seinen Willen – bereits seit seinem fünfzehnten Lebensjahr als Soldat. Obwohl er noch nicht getauft war, gestaltete er sein Leben nach dem Gebot der christlichen Nächstenliebe.

In der wohl bekanntesten Legende berichtet der Geschichtsschreiber Severus Sulpicius davon, dass Martin eines Tages auf dem Weg nach Armenien, als er nur seinen Soldatenmantel trug und außer seinen Waffen nichts bei sich hatte, einem armen unbekleideten Mann begegnete, der angesichts der bitteren Kälte zu erfrieren drohte. Martin zögerte nicht lange, schnitt mit dem Schwert seinen Mantel entzwei, gab dem Bettler die eine Hälfte und hüllte sich notdürftig in die andere. Die Umherstehenden lachten und spotteten über ihn. In der folgenden Nacht träumte er von einem Bettler, der mit dem halben Mantel bekleidet war, den er dem armen Mann geschenkt hatte. Dazu vernahm er eine Stimme, die ihm befahl, genau hinzuschauen. Dann hörte er die Stimme Jesu Christi: »Martinus, obwohl erst Katechumene, hat mich mit diesem Mantel bekleidet.«

Für Sulpicius ist diese Beispielgeschichte eine Veranschaulichung von Matthäus 25,40, wo es heißt: »Was ihr einem meiner geringsten Brüder getan habt, das habt ihr mir getan.«

Im Alter von achtzehn Jahren ließ sich Martin taufen, verließ die römische Armee und lebte fortan einige Jahre als Missionar, bevor er 361 in Ligugé das erste Kloster Galliens gründete, in dem er selbst ein frommes und bescheidenes Büßerleben führte.

371/372 wurde er zum Bischof von Tours gewählt. Einer weiteren Legende nach soll er zunächst versucht haben, sich dieser Würde zu entziehen, indem er sich in einem Gänsestall versteckt hielt. Doch die Gänse verrieten ihn durch ihr lautes Geschnatter.

Im Jahr 375 rief er das Kloster Marmoutier bei Tours ins Leben, dessen Schule an bedeutendem Einfluss gewann. Am 8. November 397 starb Martin auf einer Seelsorgereise und wurde am 11. November 397 begraben. Er wurde schon zu seinen Lebzeiten verehrt und zählt zu den ersten Heiligen, die nicht als Märtyrer gestorben sind. Der Martinskult breitete sich im Osten des fränkischen Reiches, vor allem im Harz und Thüringen, später auch in Hessen aus. Bei den Martinsumzügen reitet eine »Heiligengestalt«, häufig von einem Bettler begleitet, voraus. Dem folgt eine singende Kinderschar mit Lampions in den Händen. Das Martinssingen und der Lichterbrauch gehen darauf zurück, dass sich einst Kinder auf dem Erfurter Domplatz versammelten, um des Reformators Martin Luther zu gedenken, der am 10.11.1486 geboren und nach dem heiligen Martin benannt worden war.

In der katholischen Kirche ist der Laternenumzug am Martinstag nunmehr Teil der Lichtsymbolik, die sich durch die Zeit von Allerheiligen / Allerseelen über den Advent und Weihnachten bis Epiphanie und Mariä Lichtmess (2. Februar) erstreckt.

Nach den Martinsumzügen beginnen die sogenannten Heischegänge der Kinder, auf denen sie von Haus zu Haus ziehen, um nach dem Singen von Martinsliedern Süßigkeiten zu erbitten.

Die Martinsgans

Weshalb die *Gans* am Martinstag auf den Tisch kommt, ist ungewiss. Zu Martini wurden in der Regel die Tiere geschlachtet, die man aus Kostengründen nicht den ganzen Winter über füttern konnte – und dazu gehörten eben auch die Gänse. Zudem hatte der 11. November seine Bedeutung als Rechtstermin: an diesem Tag wurde der Pachtzins an die Grundherren entrichtet – und gemästete Gänse waren eine bevorzugte Zinsbeigabe. Eine andere Erklärung des Gänseessens geht darauf zurück, dass man in heidnischen Zeiten an Vegetationsgottheiten glaubte: mit der Gans wurde gleichsam der Sommer geschlachtet. Damit verbanden sich allerlei abergläubische Vorstellungen: von den beiden, die versuchten, den V-förmigen Brustknochen der Gans zu zerbrechen, würde demjenigen ein Wunsch in Erfüllung gehen, der das größere Stück ergattert hatte. Auch der Farbe des Knochens wurde tiefere Bedeutung zugeschrieben: war er hell und blass, verhieß das einen kargen und kalten Winter; war er von kräftiger roter Farbe, so reichten die Vorräte für den Winter aus und man wurde von Hungersnot verschont.

Ganz profan betrachtet, hat man mit dem Verzehr eines deftigen Gänsebratens vor Beginn der adventlichen Fastenzeit, dem Fastnachtsdienstag vergleichbar, einfach gern noch einmal ausgiebig – und fett – gespeist.

»Das gesellschaftliche Leben ruhte während dieser Spätherbsttage; man erholte sich von den Strapazen der Sommer-Saison und stärkte sich für die Wintergesellschaften. Aber ehe diese kamen, war noch ein mehrwöchiges Interregnum durchzumachen, die Schlacht- und Backzeit, die letztere schon mit der Weihnachtszeit zusammenfallend.

Mit dem Gänseschlachten fing es an. Eine reguläre Wirtschaftsführung ohne Gänseschlachten konnte nicht wohl gedacht werden. Es handelte sich dabei um mancherlei, zunächst wohl um die Federn zur Herstellung immer neuer Fremdenbetten, vor allem aber auch um die geräucherten Gänsebrüste, die fast so wichtig waren wie die Schinken und Speckseiten im Rauchfang ... Diese Schlachtzeit war nämlich zugleich auch die Zeit, wo das aus Gänseblut zubereitete »Schwarzsauer« tagtäglich auf unseren Tisch kam, ein Gericht, das nach pommerscher Anschauung, alles andere aus dem Felde schlägt. Auch mein Vater hielt es für seine Pflicht, sich dieser landestümlichen Anschauung anzuschließen, und sagte, wenn die dampfende Riesenschüssel erschien: ›Ah, das ist recht; davon eßt nur; das ist die Schwarze Suppe der Spartaner; alles Saft und Kraft‹, er selber aber suchte sich, gerade so wie wir, das Backobst und die Mandelklöße heraus und überließ die Kraftbrühe der Gesindeschaft draußen ...«

THEODOR FONTANE, MEINE KINDERJAHRE

Christas Martinsgans mit Maronenfüllung und Bratäpfeln

FÜR 4–6 PERSONEN

ZUTATEN FÜR DIE GANS:

- 1 küchenfertige Gans von ca. 4–4 ½ kg
- 20 g Butterschmalz
- Salz
- schwarzer Pfeffer aus der Mühle
- 1 EL frischer fein gehackter Majoran
- 1 TL gerebelter Beifuß
- zusätzlich: 20 g Butter
- 2 EL Kastanienhonig
- eine Prise Cayennepfeffer
- 150 ml Weißwein
- 300 ml Geflügelfond
- Speisestärke

ZUTATEN FÜR DIE FÜLLUNG:

- 1 EL Butterschmalz
- 3 EL frischer fein gehackter Majoran
- 1 EL frischer gehackter Thymian
- 3 rote Zwiebeln
- 600 g Maronen (vorgegart)
- 4 EL weißer Balsamico
- 1 Lorbeerblatt
- Pfeffer aus der Mühle
- Salz

ZUBEREITUNG DER FÜLLUNG:

Die Zwiebeln in feine Würfel schneiden. Das Butterschmalz in einer Pfanne erhitzen und die Zwiebeln darin glasig dünsten. Die Maronen dazu geben, mit dem Essig ablöschen, das Lorbeerblatt zufügen, die gehackten Kräuter unterrühren, alles kurz ziehen lassen und mit Salz und Pfeffer würzen.

ZUBEREITUNG DER GANS:

● | Die Gans kalt abspülen, gut trocken tupfen und außen wie innen kräftig mit Salz und Pfeffer, innen zugleich mit dem gehackten Majoran und dem gerebelten Beifuß einreiben. ● | Die Füllung in die Bauchhöhle der Gans geben und die Bauchöffnung mit Schaschlikspießen und Küchengarn verschließen. ● | Das Butterschmalz in der Fettpfanne des Backofens flüssig werden lassen und mit dem Pinsel gleichmäßig verteilen. Die gefüllte Gans darauflegen und in den auf 150 Grad C Ober- und Unterhitze vorgeheizten Backofen geben. Nach 2 Stunden 80 ml Weißwein und 120 ml Geflügelfond angießen, die Hitze auf 130 Grad C reduzieren und die Gans weitere 1 ½ Stunden braten. Den Backofen ausschalten, die Backofentür öffnen und die Gans noch 15–20 Minuten ziehen lassen. Die Gans aus dem Ofen nehmen und auf den Backofenrost legen. Während des gesamten Bratvorgangs die Gans immer wieder einmal mit dem Bratfond aus der Fettpfanne begießen. ● | Den Backofen auf 220 Grad C Umluft aufheizen. ● | 40 g Butter flüssig werden lassen und mit 2 EL Kastanienhonig verrühren, mit etwas Cayennepfeffer würzen. ● | Ein Backblech in die unterste Schiene des Ofens setzen und den Backofenrost mit der Gans darüber schieben. Die Gans mehrfach mit der Butter-Honig-Mischung bepinseln, bis sie schön braun ist (ca. 10–12 Minuten). Zwischendurch das Fett vom Bratensatz abschöpfen. Den Bratensatz durch ein Sieb geben, den restlichen Geflügelfond und Weißwein dazugeben, alles aufkochen und etwas einreduzieren und mit Salz und Pfeffer abschmecken. Mit 1 bis 2 TL in wenig Wasser aufgelöster Speisestärke binden.

Bratäpfel

ZUTATEN:

· 4 kleine säuerliche Äpfel
· 2 EL Honig
· 2 EL gehackte Mandeln
· 3 EL Preiselbeeren
  (aus dem Glas)
· 3 EL Rumrosinen
· etwas Zimt

ZUBEREITUNG:

● | Die Äpfel waschen und das Kerngehäuse ausstechen. Die Mandeln mit den Preiselbeeren, dem Honig, den Rosinen und dem Zimt mischen und die Äpfel damit füllen. Die Äpfel ganz in Alufolie hüllen und in eine oder mehrere kleine feuerfeste Formen (z. B. aus Keramik oder Edelstahl) setzen. (Für sechs Äpfel die Füllmenge entsprechend erhöhen). Die Garzeiten von Äpfeln sind sehr unterschiedlich. ● | Bei deutschen Tafeläpfeln empfiehlt es sich, die Förmchen schon nach einer Stunde Garzeit der Gans mit in die Fettpfanne zu setzen und mitzuschmoren, bis die Gans auf den Bratrost gelegt wird, also insgesamt 2 ½ Stunden. Die Bratäpfel in der Alufolie lassen, bis die Gans serviert wird, dann vorsichtig aus der Folie nehmen und zusammen mit der Gans und der Füllung anrichten. ● | Dazu passen Kartoffelknödel und Rotkohl.

Traditionelles Schwarzsauer
von Gänseklein

Zur Vermehrung dieses Gänsekleins kann man auch ganz gut Schweinefleisch darunter nehmen; wenn Beides zusammen gut geschäumt und weich gekocht ist, werden geschälte und in vier Theile geschnittene Birnen, genommen, und mit der Brühe des Gänsekleins in einer Kasserolle weich und kurz eingekocht. Es können auch kleine Klößchen, in Wasser abgekocht, zu den Birnen gegeben und statt des frischen Obstes Backobst genommen werden. Hernach wird das Blut der Gans durch ein Sieb in einen hohen Topf gegossen, mit gestoßenem Gewürz, Nelken, Zucker, einigen Löffeln Mehl und etwas Weinessig gut durchgequirlt zu den Birnen gethan, worin sie unter öfterem Umschwenken etwas einkochen müssen, dann wird das Fleisch auf die Anrichteschüssel gelegt und die Birnen darüber gegeben.

MARIE SCHREIBER, BERLINER KOCHBUCH, 1832

Einladung zur Martinsgans

Wann der heilge Sankt Martin
Will der Bischofsehr entfliehn,
Sitzt er in dem Gänsestall
Niemandt find ihn überall,
Bis der Gänse groß Geschrey
Seine Sucher ruft herbey.

Nun dieweil das Gickgackslied
Diesen heilgen Mann verrieth,
Dafür thut am Martinstag
Man den Gänsen diese Plag,
Daß ein strenges Todesrecht
Gehn muß über ihr Geschlecht.

Drum wir billig halten auch
Diesen alten Martinsbrauch,
Laden fein zu diesem Fest
Unsre allerliebste Gäst
Auf die Martinsgänslein ein,
Bey Musik und kühlem Wein.

SIMON DACHS, ZEITVERTREIBER, 1700

Martinshörnchen

Neben *Martinsgans* und *Martinsminne,* dem ersten jungen Wein, gehören auch die aus Mürbe- oder Hefeteig in Hufeisenform gebackenen *Martinshörnchen* zu den kulinarischen Spezialitäten des 11. November. Dahinter steht möglicherweise altes germanisches Brauchtum. Der Schicksals- oder auch Totengott Odin (Wodan) erschien im Winter auf einem Pferd, das oft als Schimmel dargestellt wurde. Pferde waren auch seine liebsten Opfertiere. Die christlichen Missionare versuchten nun, die germanischen Feste mit neuen religiösen Inhalten zu füllen beziehungsweise gewisse Riten ganz auszumerzen. So wurde zum einen der heilige Martin als »Schimmelreiter« dargestellt und ersetzte somit möglicherweise den germanischen Gott Wodan. Zum anderen aber wurde das Opfern von Pferden und damit zugleich der Verzehr von Pferdefleisch – in früher germanischen Ländern bis heute hin – weitgehend tabuisiert. In den hufeisenförmigen Martinshörnchen lebt vielleicht noch die Erinnerung an die alte religiöse Bedeutung der Pferde fort.

Christas Martinshörnchen

- 500 g Weizenmehl
- 40 g frische Hefe
- ⅛ l lauwarme Milch
- 1 Eigelb
- 1 Ei
- eine Prise Salz
- 50 g Zucker
- 200 g weiche Butter
- abgeriebene Schale einer
  unbehandelten Zitrone
- Mark von 1 Vanilleschote
- 2 EL Rum
- 1 TL Zimt
- 50 g gemahlene Mandeln
- 80 g gewaschene Rosinen
- 50 g gewaschene
  Korinthen
- 80 g gehackte Mandeln

ZUSÄTZLICH:
- 1 EL flüssige Butter
- 2 TL Puderzucker
- 2 TL Zimt
- 1 Tütchen Vanillezucker

ZUBEREITUNG:

Aus den Zutaten einen Hefeteig zubereiten. Den Teig auf dem mit Backpapier ausgelegten Backblech zu einer Rolle mit sich verjüngenden Enden formen und zu einem großen Horn (Hufeisen) oder zwei bis drei kleineren Hörnern krümmen. Das Horn oder die Hörner auf dem Backblech aufgehen lassen, mit flüssiger Butter bestreichen, mit einer Mischung aus Vanillezucker, Puderzucker und Zimt bestreuen und im vorgeheizten Ofen bei 180 Grad C ca. 30–40 Minuten backen.

Ausklang

»Tradition ist nicht das Halten der Asche,
sondern das Weitergeben der Flamme.«

THOMAS MORUS

Das Überkommene will nicht in toter Form, als »Asche«, weitergegeben werden – es möchte vielmehr als Schatz gehütet und in jedem Geschlecht mit Leib und Seele wieder neu erworben werden. Nur so kann es lebendig bleiben und als »Flamme« auch in der folgenden Generation die Lust zur Selbstaneignung und zur Weitergabe wieder neu entzünden. Damit ist das »Alte« nicht überholt, sondern kann zum Kontext der eigenen Lebensgestaltung werden. Wer in die alten Bräuche des Christentums im wahrsten Sinne des Wortes hineinschmeckt, wird spüren, dass es ihn entlastet, nicht alles neu erfinden zu müssen. Er darf sich an tradierte Rituale anlehnen und aus ihrem Geist heraus das Eigene in der Gegenwart herausbilden. Dadurch werden ihm Möglichkeiten eröffnet, das Überkommene in sich selbst zu verlebendigen, kreativ zu gestalten und weiter zu entwickeln, damit es auch für die Nachkommen eine lebendige »Flamme« bleibt: im Haus – und auf dem Herd.

Bildquellennachweis

Autorenfoto Lea Linster: © marctheis.de

Autorenfotos Christa Spilling-Nöker: © Verlag Herder GmbH, Freiburg im Breisgau / Stefan Weigand

Alle Rezeptfotos Lea Linster: © Thomas Neckermann
Quellen: Seiten 116; 142: Lea Linster, Einfach genial, Mosaik bei Goldmann, 2002 | Seiten 98; 170: Lea Linster, Rundum Genial, Mosaik bei Goldmann, 2005 | Seiten 14; 52; 58; 60; 63, 80; 158, 160: Lea Linster, Kochen mit Liebe! Die schönsten neuen Rezepte der Spitzenköchin Lea Linster. BRIGITTE-Buch im Diana Verlag 2007

Rezeptfotos Christa Spilling-Nöker auf den Seiten 38; 74; 79; 84; 90; 94; 126; 139; 147, 162; 182; 188; 194: Finken & Bumiller, Stuttgart, im Auftrag des Verlags Herder GmbH, Freiburg im Breisgau | S. 176 Verlag Herder GmbH, Freiburg im Breisgau / Stefan Weigand

Rezeptfotos Stockfood: S. 51 (Weihnachtskarpfen): Dogota und Bogdan Bialy | 69 (Weihnachtspute) Jean-François Rivière | 200 (Gans) Jan-Peter Westermann

Foto-Vignetten im Inhaltsverzeichnis:
Sonntag, Fastenzeit, Ostern, Pfingsten: © Stefan Weigand
Adventszeit: Siehe Angaben zu S. 8 or (photocase cw-design)
Nikolaustag: © KNA-Bild
Der Heilige Abend: Siehe Angaben zu S. 48 (Gestaltung Johann Wanner, fotografiert von Bertram Walter im Auftrag des Verlags Herder GmbH, Freiburg im Breisgau)
Weihnachten, Stephanustag, Neujahr, Epiphanias, Karnevalszeit, Fronleichnam, Allerheiligen: Finken & Bumiller im Auftrag des Verlags Herder GmbH, Freiburg im Breisgau
Christi Himmelfahrt: Siehe Angaben zu S. 166 (Fotografie aus der Kirche Maria Geburt Aschaffenburg. Aus: laetita vacui. nichts als freude)
Sankt Martinstag: Siehe Angaben zu S. 200 (Stockfood, Jan-Peter Westermann)

Fotos aus der Kirche Maria Geburt Aschaffenburg auf den Seiten 10; 148; 151; 166: Aus: laetitia vacui. nichts als freude. Eine Gemeinde schreibt, was seit der Neugestaltung ihres Kirchenraumes 1999 geschieht, Kunstverlag Josef Fink, Lindenberg im Allgäu. Abdruck mit freundlicher Genehmigung von Pfarrer Markus Krauth. Der Band »laetitia vacui« ist erhältlich über die Gemeinde Maria Geburt Aschaffenburg (www.maria-geburt.de)

Foto Blumenhotel in St. Veit an der Glan auf S. 12: Vienna International Hotelmanagement AG, Blumenhotel in St. Veit an der Glan / Kärnten, Österreich, www.blumen-hotel.at

Foto Dominikanerinnen-Kloster Bad Wörishofen auf S. 30: © Simon Ledermann. Abdruck mit freundlicher Genehmigung des Fotografen

Fotos Christbaumschmuck von Johann Wanner in Basel auf den Seiten 48 und 55: fotografiert von Bertram Walter, Freiburg, im Auftrag des Verlags Herder GmbH, Freiburg im Breisgau. Mit freundlicher Genehmigung von Johann Wanner. Mehr von Johann Wanner gibt es u. a. in »Johann Wanners wunderbare Weihnachtswelt. Tradition und Dekoration des Christbaums« (Freiburg im Breisgau 2010), »Johann Wanners beste Weihnachtsrezepte. Die Festtagsküche für den schönsten Tag des Jahres« (Freiburg im Breisgau 2010)

Fotos Johannes Rodi, Schwäbisch Gmünd: S. 47 (» Nikolaus-Stutenkerl«), 76 (»Silvester«),101 l (»Clown«), 181: (»Mädchen mit Jungfernkranz«). Abdruck mit freundlicher Genehmigung des Fotografen

Foto »Basler Mehlsuppe« auf S. 108: © Robert Sprengel, Basel. lamiacucina.wordpress.com. Abdruck mit freundlicher Genehmigung des Fotografen

Fotos Stefan Weigand, Freiburg:
S. 22 ul; 31; 32 l, m, r; 42 ol; 42 or, 64 r; 75 l, r; 89; 92 l, m; 97 ur; 109 l, m; 114; 117 m; 118; 120; 123 o, u; 128 o, u; 131 u; 132 m; 133 m; 143 m, r; 144 l, r; 155 o, u; 157; 159 l, r; 161 l, r; 164 l, m, r; 165 ol; 168 m, r; 174 o, u; 176, 183 l, r; 184 ol; or; ur; 189 l, r; 190 r

Agenturfotos:
aboutpixel: S. 41 Birgit Kump; 81 l Robert Marggraff
aspectimages: S. 37 Milan Vachal, 99 l Alfred Nesswetha
fotolia: S. 17, Bernd Jürgens; 19 l ExQuisine; 19 m pass; 19 r Patrizier-Design; 21 Claudia Baldassarere, 22 ol Frank-Peter Funke, 34 l Robert Zobel; 34 r DeVice; 36 Lucky Dragon; 45 Conny; 46 ur Heino Patschull; 56 ol Beawulf; 56 or Anobis; 56 ul Tomo Jesenicnik; 56 ur Barbara Dudzinska; 59 m Christian Jung; 66 Accent; 71 Trinichan; 75 m ExQuisine; 88 Peter Polak; 101 r ProfphotoXL; 104 ol lool; 104 ur Michael Fritzen; 106 cliffhanger; 109 r womue; 122 Torsten Schon; 124 o Samuel Alpsten; 124 u Silvia Bogdanski; 125 Carmen Steiner; 127 u Carmen Steiner; 131 o Barbara Pheby; 131 m Doris Heinrichs; 132 o Artyom Yefimov; 133 o hjpix; 134 Andreas F.; 144 m Liddy Hansdottir; 178 u Silvia Bogdanski; 184 ul manu;

Bilderläuterungen

189 m momanuma; 202 l Barbara Pheby; 202 m
Dusan Zidar; 202 r Thaut images; 204 l Goran Bogicevic

KNA-Bild: S. 43 ul; 46 ul

photocase: S. 8 or cw-design; 22 or Nadine Platzek;
22 ur rolleyes, 24 l, r Miss X; 29 xxee; 42 ur Miss X; 54 jala;
59 ur Claudia Arndt; 64 m Subwaytree; 81 m Robert Gebhard;
82 manun; 99 r cchristof; 117 l kostakimu; 171 m brianh;
179 l CeeGee; 179 m die-welfenburg; 179 r chris-up

pixelio: S. 15 ul Rainer Sturm; 193 Sigrid Rossmann

polylooks: S. 97 ul Alexandra Buss

roha-fotothek: S. 112

Stockfood: S. 169 o, u

StockphotoPro: S. 97 or Eric Eichberger

Das Foto auf S. 204 r stammt von der Autorin

S. 15: Wilhelm Busch, Grete Fehlow, Bleistift, 1881

S. 31: Katharina von Alexandrien, dargestellt im sogenannten Schneiderfenster an der Nordseite des Freiburger
Münsters (Foto Stefan Weigand)

S. 34l: Lübecker Holstentor (Foto Fotolia / Robert Zobel),
34 r Nürnberger Burg (Foto: Fotolia / DeVice)

S. 42: Nikolaus, Seitenaltar in der St.-Nikolaus-Kirche in
Göggingen bei Schwäbisch Gmünd (Foto Stefan Weigand)

S. 72: Stephanus, Glasfenster in der Kirche St. Michael in
Igersheim bei Bad Mergentheim (Foto Stefan Weigand)

S. 86: Lubin Baugin (1610–1663), »Der Nachtisch« (Hippen)

S. 105: »Dreihasenbild«, Grafik nach dem Dreihasen-Fenster
des Paderborner Doms (Weiß-Freiburg GmbH / Felix
Wallbaum im Auftrag des Verlags Herder GmbH, Freiburg im
Breisgau)

S. 110: Erhard Schön (gest. 1542), Illustration in Hans
Sachs, »Aigentliche newe zeitung von dem narren fresser«
(1530–1532)

S. 128: Regensburger Dampfnudelbäckerei (Wikimedia
Commons / Túrelio)

S. 152 l: Osterlamm mit Siegesfahne, Darstellung aus der
St. Josefskirche in Sehnde-Bolzum (Wikimedia Commons /
Rabanus Flavus)

S. 153 r: Sederschüssel: Teller für die Speisen des Seder-
abends am jüdischen Pessachfest (fotolia / Michael Pschorr)

S. 196: Martin teilt seinen Mantel mit einem Bettler,
Glasfenster in der Kirche St. Michael in Igersheim bei Bad
Mergentheim (Foto Stefan Weigand)

S. 197: Ewiges Licht in der Kapelle der katholischen
Hochschulgemeinde in Würzburg (Foto Stefan Weigand)

S. 198: Opferstock in Form einer Martinsgans in der Kirche
St. Martin, Memmingen (Wikimedia Commons / Wolfgang
Sauber)

Textquellenverzeichnis

Die Rezepte von Lea Linster wurden zuerst veröffentlicht in:

S. 117: »Bouneschlupp«, S. 143: »Gefüllte Nudeltaschen«; aus: Lea Linster, Einfach genial. Mosaik bei Goldmann, 2002

S. 99: »Hühnchen in Tomaten und Weißwein geschmort«, S. 171 »Entenbrustfilets«; aus: Lea Linster, Rundum genial, Mosaik bei Goldmann, 2005

S. 15: »Roastbeef-Braten«, S. 53 »Seeteufel à l'amoricaine«, S. 59: »Champignon-Cremesuppe«, S. 61: »Leas feiner Ferkelbraten«, S. 62: »Karamellisierte Feigen in Marsala«, S. 81: »Kräftige Zwiebelsuppe«, S. 159: »Raffinierter Toast mit Wachtelei«, S. 161: »Lammcarré mit Kräutern«; aus: Lea Linster, Kochen mit Liebe! Die schönsten neuen Rezepte der Spitzenköchin Lea Linster. BRIGITTE-Buch im Diana Verlag 2007.

Weitere Textnachweise:

S. 11, S. 23, S. 57, S. 118, S. 151, S. 173: Ausschnitte aus: Anselm Grün, Ein ganzer Mensch sein. Die Kraft eines reifen Glaubens © Verlag Herder GmbH, Freiburg im Breisgau 2006.

S. 17, S. 50, S. 67: Ausschnitte aus: Thomas Mann, Buddenbrooks © S. Fischer Verlag, Berlin 1901. Alle Rechte vorbehalten. S. Fischer Verlag GmbH, Frankfurt am Main.

S. 17–20, S. 68: Rezepte aus: »Feine Leute kommen spät ...« oder Bei Thomas Mann zu Tisch. Tafelfreuden im Lübecker Buddenbrookhaus © 1995, 2004 by Arche Verlag AG, Zürich / Hamburg.

S. 26: Aus: Joseph Ratzinger / Benedikt XVI. Der Segen der Weihnacht. Meditationen © Libreria Editrice Vaticana, Vatikanstadt / Verlag Herder GmbH, Freiburg im Breisgau ²2005.

S. 32: »Thorner Kathrinchen«: aus: Sybil Gräfin Schönfeldt, Das große Ravensburger Buch der Feste und Bräuche. Durch das Jahr und den Lebenslauf. Ravensburger Buchverlag 1987 © bei der Autorin.

S. 35: Gertrud Müller-Tahlwitzer, »Königsberger Randmarzipan«; zitiert nach: Es kommt ein Schiff, 1954. Wegweiser-Schriftenreihe für Ost-West-Begegnung – Kulturheft Nr. 40, hg. vom Ministerium für Arbeit, Gesundes und Soziales, Düsseldorf.

S. 46: Helene Lange, zitiert nach: Brauchtum im Oldenburger Land. Hg. von der Arbeitsgemeinschaft Volkstum und Brauchtum in der Oldenburgischen Landschaft, bearbeitet von Hans Dirks, Oldenburg 1985.

S. 50: »Karpfen in Biersoße«: aus: Klaus Teuber, Alte böhmische Küche © Tandem Verlag GmbH, Potsdam.

S. 55: Rudolf Holzer, zitiert nach: Ders., Die Straubinger – 350 Jahre in Gastein, 1957.

S. 66: Heinz Erhardt, »Die Weihnachtsgans«, aus: Das große Heinz-Erhardt-Buch © 2009 Lappan Verlag GmbH, Oldenburg.

S. 70: Ernst Rietschel, Erinnerungen aus meinem Leben [1804–1861]. Zitiert nach: Die Jugend großer Deutscher, Leipzig 1944.

S. 77: Zitiert nach: Paul Löcher (Hg.), Wie's einstens war zur Weihnachtszeit, Ostfildern 1979.

S. 96: Zitiert nach: Michael Kirchschlager, Ich will ein guter Koch sein. Küchengeheimnisse des Mittelalters und der Renaissance, Arnstadt 2004.

S. 103: »Krabbele«, aus: Lorenz Wiehlpütz, Alte rheinische Küche © Tandem Verlag GmbH, Potsdam.

S. 109: »Basler Mehlsuppe«: aus: Klaus Teuber, Alte Schweizer Küche © Tandem Verlag GmbH, Potsdam.

S. 110: Aus: Franziska Haber / Hans Heyn, Drudenhax und Allelujawasser. Volksbrauch im Jahreslauf © Rosenheimer Verlagshaus ISBN 978-3-475-52119-5.

S. 111: »Josef Moser – so erfahren«, zitiert nach: Fasching in Bayern. Mit Bildern von Josef Wahl, Text und Zusammenstellung Reinhold Esterer, München 1987.

S. 145: Leo Lindenblatt, zitiert nach: Paul Löcher / Reinhard Abeln (Hg.), Wie's einstens war zur Osterzeit, Ostfildern 1982.

S. 149: Karl Berkendorf, zitiert nach: Dieter Sauermann, Ostern in Westfalen, Münster 1986.

Literaturverzeichnis

J. Neil Alexander, Advent, in: Religion in Geschichte und Gegenwart (RGG⁴), Band 1, Tübingen 1998, Sp. 126f.

Michael Barczyk, Essen und Trinken im Barock. Oberschwäbische Leibspeisen, Sigmaringen ²1990.

Manfred Becker-Huberti, Lexikon der Bräuche und Feste, Sonderausgabe Freiburg 2007.

Karl-Heinrich Bieritz, Das Kirchenjahr. Feste, Gedenk- und Feiertage in Geschichte und Gegenwart, München ²1988.

Ders., Fasten / Fastentage IV. Christentum 2. Katholisch, 4. Evangelisch, in: RGG⁴, Band 3, Tübingen 2000, Sp. 42–44.

Brauchtum im Oldenburger Land. Hg. von der Arbeitsgemeinschaft Volkstum und Brauchtum in der Oldenburgischen Landschaft, bearbeitet von Hans Dirks, Oldenburg 1985.

Inge Carius, Gebildbrot-Brauchtum im Jahres- und Lebenslauf. Königstein/Taunus 1982.

Henriette Davidis, Illustriertes praktisches Kochbuch für die bürgerliche und feine Küche. Neu bearbeitet von Helene Faber, o. J. [19. Jh.].

Henriette Davidis / Ida Schulze (Hg.), Das neue Kochbuch für die deutsche Küche, Bielefeld und Leipzig ²1934.

Hans-Dieter Döpmann, Die orthodoxen Kirchen, Berlin 1991.

Wolfgang U. Eckart, Von Gänsen, Karpfen, Lebkuchen und Stollen. Deutsche Medizinische Wochenschrift 2003, Jg. 128, S. 2691–2694, Stuttgart und New York 2003.

[Heinz Erhardt,] Das große Heinz-Erhardt-Buch, Oldenburg 2009.

»Es kommt ein Schiff«, 1954. Wegweiser-Schriftenreihe für Ost-West-Begegnung – Kulturheft Nr. 40, hg. vom Ministerium für Arbeit, Gesundes und Soziales, Düsseldorf.

Maria Exenberger / Fritz Breit (Hg.), Das Kochbuch aus Tirol, Münster 1988.

Fasching in Bayern. Mit Bildern von Josef Wahl, Text und Zusammenstellung von Reinhold Esterer, München 1987.

Eugen Fehrle, Feste und Volksbräuche im Jahreslauf europäischer Völker, Kassel 1955.

Sebastian Franck, Chronica, Zeitbuch und Geschichtbibel, Straßburg 1531.

Ders., Weltbuch. Spiegel und Bildnis des ganzen Erdbodens, Tübingen 1534.

Peter Fuchs / Max Leo Schwering, Kölner Karneval, Band 1, Köln 1972.

Anselm Grün, Ein ganzer Mensch sein. Die Kraft eines reifen Glaubens, Freiburg im Breisgau 2006.

Franziska Hager / Hans Heyn, Drudenhax und Allelujawasser. Volksbrauch im Jahreslauf, Rosenheim o. J.

Walter Hartinger, Fastnacht, in: RGG⁴, Band 3, Tübingen 2000, Sp. 47f.

Walter Heim / Thomas Perler, Christliches Brauchtum gestern und heute, Freiburg Schweiz 1985.

Andreas Heinz, Weihnachten I. Geschichtlich 1. Entstehung, in: RGG⁴, Band 8, Tübingen 2005, Sp. 1335f.

Ders., Weihnachten I. Geschichtlich 2. Verbreitung, in: RGG⁴, Band 8, Tübingen 2005, Sp. 1336f.

Norbert Henrichs, Kult und Brauch im Kirchenjahr, Düsseldorf 1967.

Karl Heussi, Kompendium der Kirchengeschichte, Tübingen ¹²1971.

Rudolf Holzer, Die Straubinger – 350 Jahre in Gastein. Salzburg / Stuttgart 1957.

Anna Huber, Die vollständige Fastenküche oder praktische Anleitung zur Bereitung von Fastenspeisen, Regensburg ⁵1876, Reprint München 1984.

Josef Imbach, Von reichen Prassern und armen Schluckern. Geschichten aus Küche, Kirche und Kultur, Düsseldorf 2007.

Literaturverzeichnis

Die Jugend großer Deutscher. Hg. von Rudolf K. Goldschmit-Jentner, Leipzig 1941.

Alfred Kall, Kirchenjahr und Brauchtum. Materialbuch für den Religionsunterricht, München 1988.

Hermann Kirchhoff, Christliches Brauchtum. Feste und Bräuche im Jahreskreis, München 1995.

Michael Kirchschlager, Ich will ein guter Koch sein. Küchengeheimnisse des Mittelalters und der Renaissance, Arnstadt 2004.

Die Klosterküche von Wörishofen. Hg. von den Schwestern des Dominikanerinnenklosters Wörishofen, Bad Wörishofen 1926.

Kurt Koch, Grundpfeiler des Glaubens. Vom Sinn der christlichen Feste. Lesebuch zum Kirchenjahr, Freiburg im Breisgau 1992.

Kochbuch der Haushaltungs- und Kochschule des Badischen Frauenvereins, Karlsruhe 1918.

Gründliches Kochbuch bey Joh. Andreas Brinhaußer, Augsburg 1792, Reprint München 1989.

Nürnberger Kochbuch. Praktische Anweisung aller Arten Speisen und Getränke auf die schmackhafteste und wohlfeilste Art zuzubereiten von Margaretha Rosenfeld. Siebente und verbesserte Auflage. Mit Angaben der neuen Maße und Gewichte, Nürnberg 1886.

Wohleingerichtetes Koch-Buch für alle Liebhaber der Kocherey, Zweytes Bändgen, Hall in Schwaben anno 1784.

Aus Kochbüchern des 14. bis 19. Jahrhunderts. Unter Mitarbeit von Renate Ertl und Angelika Schmitt hg. von Hugo Stopp, Heidelberg 1980.

Hanna Kronberger-Frentzgen, Die alte Kunst der süßen Sachen. Backformen und Waffeleisen vergangener Jahrhunderte, Hamburg 1959.

Schlesische Küche, Regionale Küche mit Tradition, Köln o. J.

Johannes Künzig, Alemannisch-schwäbische Fasnet, Freiburg im Breisgau ³1989.

Jürgen Küster, Wörterbuch der Feste und Bräuche im Jahreslauf, Freiburg im Breisgau 1985.

Peter Limbach, So feiert Köln Karneval, Köln 1999.

Literatur & Küche. Arche Küchenkalender 2007.

Paul Löcher (Hg.), Wie's einstens war zur Weihnachtszeit, Ostfildern 1979.

Paul Löcher / Reinhard Abeln (Hg.), Wie's einstens war zur Osterzeit, Ostfildern 1982.

Friederike Luise Löffler, Neues Stuttgarter Kochbuch, Stuttgart 1922.

Thomas Mann, Buddenbrooks, Berlin 1901.

Werner Mezger, Das große Buch der Rottweiler Fastnacht, Vöhrenbach 2004.

Ders., Das große Buch der schwäbisch-alemannischen Fasnet, Stuttgart 1999.

Ders., Karneval, in: RGG⁴, Band 4, Tübingen 2000, Sp. 825f.

Katharina Micheler, Vierzig-Minuten-Küche, München o. J. [1907].

Joachim Nagel, Zu Gast bei Goethe. Der Dichterfürst als Genießer, München ²1999.

Dr. Oetker's Schulkochbuch, Ausgabe D, Bielefeld 1937.

Susanne Poltrock (Hg.), Von A wie Advent bis Z wie Zimtsterne, Gütersloh 2006.

Joseph Ratzinger / Benedikt XIV. Der Segen der Weihnacht. Meditationen © Libreria Editrice Vaticana, Vatikanstadt / Verlag Herder GmbH, Freiburg im Breisgau ²2005.

Klemens Richter, Feste und Brauchtum im Kirchenjahr. Lebendiger Glaube in Zeichen und Symbolen, Freiburg im Breisgau ²1992.

Marx Rumpolt, Ein new Kochbuch, Frankfurt am Main 1581.

Dieter Sauermann, Ostern in Westfalen, Münster 1986.

Luise Schlesselmann, Die christlichen Jahresfeste und ihre Bräuche. Hintergründe zum Feiern mit Kindern, Stuttgart 1992.

Otto Schlißke, »Apfel, Nuß und Mandelkern«. Was unsere Advents- und Weihnachtsbräuche eigentlich bedeuten, Neukirchen-Vluyn [8]1988.

Sybil Gräfin Schönfeldt / Stefan und Marie-Luise Lemke Pricken, Das große Ravensburger Weihnachts-Buch, Ravensburg 1990.

Sybil Gräfin Schönfeldt, Das große Ravensburger Buch der Feste und Bräuche. Durch das Jahr und den Lebenslauf, Ravensburg [9]1993.

Dies., 2000 Jahre Weihnachten, Freiburg im Breisgau u. a. 1998.

Dies., »Feine Leute kommen spät ...« oder Bei Thomas Mann zu Tisch. Tafelfreuden im Lübecker Buddenbrookhaus, Zürich / Hamburg 1995 / 2004.

Dies., Gastlichkeit in üppigen und sparsamen Zeiten. Wanderungen durch Theodor Fontanes Eßlandschaften, Zürich / Hamburg 2005.

Dies., Gestern aß ich bei Goethe. Bilder einer neuen Gastlichkeit, Zürich / Hamburg [2]2005.

Marie Schreiber, Berliner Kochbuch für bürgerliche Haushaltungen von 1839, Reprint Berlin 1979.

Klaus Teuber, Alte böhmische Küche, Köln 2006.

Ders., Alte Schweizer Küche, Köln 2007.

Angelika Thol-Kauke, Kochen durch das Kirchenjahr. Bräuche und Rezepte, Berlin 1996.

Urgroßmutters Kochbuch: Aus dem Kochbuch der Frau Rath Schlosser. Hg. von Alexander von Bernus, Frankfurt am Main 1980.

Rüdiger Vossen, Weihnachtsbräuche in aller Welt, Hamburg [4]1991.

Ingeborg Weber-Kellermann, Das Weihnachtsfest. Eine Kultur- und Sozialgeschichte der Weihnachtszeit, Luzern / Frankfurt am Main 1978.

Lorenz Wiehlpütz, Alte rheinische Küche, Köln 2003.

Alois Wierlacher, Vom Essen in der deutschen Literatur. Mahlzeiten in den Erzähltexten von Goethe bis Grass, Stuttgart u. a. 1987.

Zacker, Christina, Großmutters Wissen, Die schönsten Feste und Bräuche im Jahreslauf, Stuttgart 2006.

Christa Spilling-Nöker im Verlag Herder

Einfach gerne leben!
365 gute Tage

240 Seiten | Gebunden mit Leseband |
Durchgehend zweifarbig | Mit 12 Monatsfotografien
ISBN 978-3-451-32173-3

Ein gutes Wort für jeden Tag: Vielleicht können wir uns jeden Tag
eine kleine Hoch-Zeit gönnen, eine feste Zeit, die wir mit dem
füllen, was uns ganz bei uns selbst sein lässt. Das Jahreslesebuch
von Christa Spilling-Nöker ist eine Einladung zu mehr Leben im
Alltag.

50 Zutaten zum Glück
Von A wie Apfel bis Z wie Zimt

160 Seiten | Geschenk-Taschenbuch
ISBN 978-3-451-07109-6

Christa Spilling-Nöker erzählt Wissenswertes und Unterhalt-
sames über die Glücklich-Macher, die man essen und trinken kann!
Vom Apfel, der schon im Paradies für Aufregung sorgte, bis
zum duftenden Zimt: ein ABC all der guten Dinge, die Leib und
Seele zusammenhalten – mit dem besonderen Vorteil: Lesen
ist 100 Prozent kalorienfrei.

Unter einem hellen Stern
Der meditative Adventskalender
Gestaltet von Margret Bernard-Kress

56 Seiten | Klappenbroschur mit verdeckter
Spiralbindung | Durchgehend farbig
ISBN 978-3-451-33201-2

Heller Stern in dunkler Nacht
Weihnachtserzählungen
Mit Illustrationen von Andrea Schraml

64 Seiten | Gebunden | Durchgehend zweifarbig
ISBN 978-3-451-30205-3

Der immerwährende Kalender
Für alle persönlichen Festtage

240 Seiten | Gebunden mit Leseband | Durchgehend farbig
Mit 26 Farbfotografien und 12 Monatsvignetten
ISBN 978-3-451-29228-6

Ein wunderschönes Buch zum Eintragen aller persönlichen Geburts-
und Festtage mit immerwährendem Kalender und Hinweisen auf
die Namenstage. Die anregenden Texte von Christa Spilling-Nöker
fangen jahreszeitliche Stimmungen ein und sind eine willkommene
Hilfe, gute Wünsche für andere zu formulieren.

Ein Engel dir zur Seite
Die schönsten Texte von Christa Spilling-Nöker
mit Bildern von Marc Chagall

80 Seiten | Gebunden | Durchgehend farbig
ISBN 978-3-451-30361-6

Christa Spilling-Nöker fasst den Zuspruch der himmlischen Boten
in einfühlsame Worte. Ihre bisher erschienenen Engel-Bücher
sind überaus beliebt. Dieser Band vereint ihre schönsten Texte,
zusammengestellt mit Engel-Bildern von Marc Chagall.

Behutsam will ich dich begleiten
Auf dem Weg des Abschieds

88 Seiten | Gebunden | Durchgehend farbig
ISBN 978-3-451-32193-1

Wie schön bist du
Mit Bildern der Liebe von Marc Chagall

48 Seiten | Gebunden | Durchgehend farbig
ISBN 978-3-451-30257-2

HERDER

Unwiderstehliches von unserer Spitzenköchin

160 Seiten
ISBN 978-3-442-39032-8

»Ich liebe Komplimente, deshalb bin ich Köchin geworden!«
Lea Linster präsentiert feine Küche und einfache Grundlagen.

160 Seiten
ISBN 978-3-442-39084-7

Lea Linster kocht auf unverwechselbare Art: einfach, genial, fantasievoll –
und immer mit ganz viel Liebe.

Genial kochen heißt: mit Liebe kochen

Diana Hardcover
ISBN 978-3-453-28510-1

Mehr als 100 fantasievolle Rezeptideen, ausgewählt, um Köche zu Hause am eigenen Herd zu begeistern. Lea Linster und ihr *Brigitte*-Team beweisen: Geschmacklich einzigartige Kochkunst braucht keinen Luxus, nur Qualität.

Diana Verlag

www.diana-verlag.de

MEINE REZEPTE

MEINE REZEPTE

MEINE REZEPTE

MEINE REZEPTE

© Verlag Herder GmbH, Freiburg im Breisgau 2010
Alle Rechte vorbehalten
www.herder.de

Umschlagfoto:
© J.Bilic/photocuisine/Corbis

Alle Fotos Christa Spilling-Nöker:
© Verlag Herder GmbH, Freiburg im Breisgau / Stefan Weigand

Alle Fotos Lea Linster:
© marctheis.de

Gesamtgestaltung:
Finken & Bumiller, Stuttgart

Herstellung:
Himmer AG, Augsburg

Gedruckt auf umweltfreundlichem, chlorfrei gebleichtem Papier
Printed in Germany

ISBN 978-3-451-30206-0